1914:

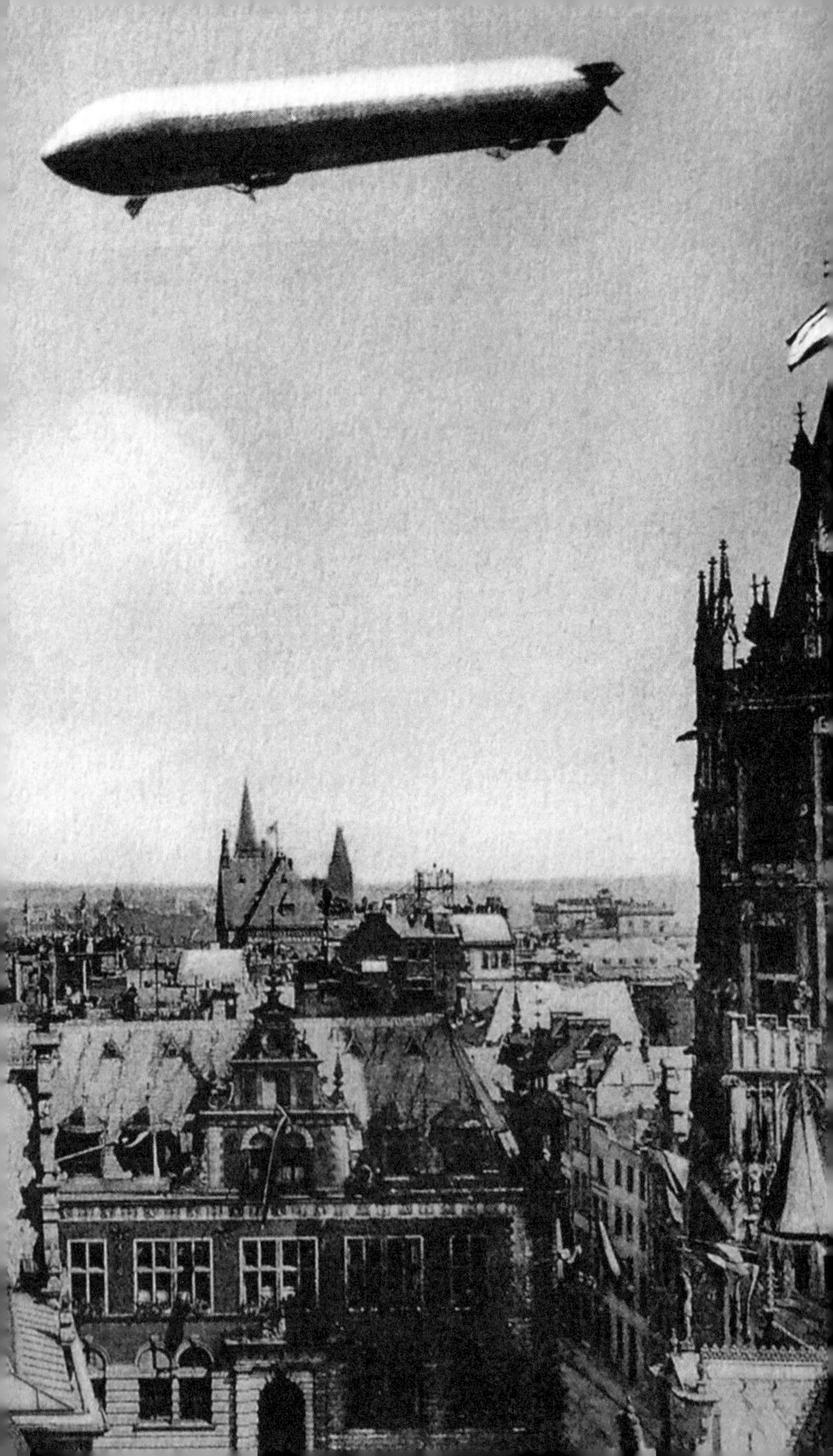

Mario Kramp

1914: Vom Traum zum Albtraum

Köln und der Beginn des Bombenkriegs in Europa

leseZeichen
greven verlag köln

Für meinen Urgroßvater Hubert Kramp, der von Köln aus in den Großen Krieg zog, dort 1915 den Tod fand und in Thiaucourt im Département Meurthe-et-Moselle begraben liegt, und meinen Vater Bert Kramp, der als Kind die Zerstörung Kölns miterleben musste.

© Greven Verlag Köln, 2014
Umschlagabbildung und Frontispiz: Schaulustige beobachten von Häuserdächern aus die Ankunft des Zeppelins Z II in Köln, 5. August 1909, Bildpostkarte der Heiss & Co., Graph. Kunstanstalt, Cöln-Sülz (Ausschnitt)
Lektorat: Holger Steinemann, Stuttgart
Gestaltung und Satz: Marc Daniel Karkowsky, Köln
Gesetzt aus der FS Lola
Papier: Munken Premium Cream und Peydur lissé (Umschlag)
Druck und Bindung: Friedrich Pustet, Regensburg
Alle Rechte vorbehalten
ISBN 978-3-7743-0652-3

Detaillierte Informationen über alle unsere Bücher finden Sie unter:
www.Greven-Verlag.de

Inhalt

Köln 1914

Die Anfänge des Bombenkriegs in Europa 8

Vom Traum zum Albtraum

»Wir leben in einer großen Zeit«
Luftfahrtbegeisterung und Luftfahrtpioniere in Köln . . 11

»Et hätt noch emmer, emmer, emmer jot jejange«
Die Militarisierung der Kölner Luftfahrt 16

»Almost the nearest point to England«
Köln und die Zeppelin-Angst in London 20

»Vers le terrain d'atterrissage de Bickendorf«
Mai 1914: Kriegsstimmung und Spionage-Angst
um die Kölner Luftschiffhalle 21

»Die Barbarisierung der Luft«
Visionen und Realitäten 28

Von Köln aus: Der Beginn des europäischen Luftkriegs

»Das Stadtinnere sollte beworfen werden«
5./6. August 1914: Von Köln nach Lüttich –
der erste Bombenangriff auf eine Stadt 31

»Hurra Zeppelin!«
Siegestaumel und Propaganda 39

»Oh, it was horrible when they came«
24./25. August 1914: Von Köln aus gegen Antwerpen . . 41

Nach Köln: Die Antwort der Briten

»To attack Zeppelins [...] in their homes on the Rhine«
Churchills Angriffsplan gegen Düsseldorf und Köln ... 45

»The only thing to do was to turn back«
22. September 1914: Der erste Luftangriff auf Köln ... 48

»W.C. then retired to the w.c.«
Im letzten Augenblick: Churchill lässt sich überreden .. 51

Die ersten Bomben auf Köln

»The best point to attack«
8. Oktober 1914: Der zweite von Antwerpen aus
geführte Angriff auf Köln 54

»Am hellen Nachmittag«
Ein feindliches Flugzeug über Ehrenfeld 58

»An der Gärtnerei Zumpe auf einem Kleeacker«
Der Abwurf der zweiten Bombe über Großkönigsdorf .. 61

»Trains drawing up«
Der erste Abwurf von Bomben über Köln 63

»Returned just in time«
Die abenteuerliche Rückkehr der Piloten 65

»Progress in the War«
Presse und Propaganda 68

»Von einem feindlichen Flugzeug in Cöln-E'feld«
Die beiden Bomben 71

»Eine kühne Tat«
Anerkennung und Ruf nach Vergeltung 74

»Über das neutrale Holland«
Die Verletzung des Luftraums 76

»Succesfully located«
Luftkriegsführung 1914 77

Epilog: Die Büchse der Pandora

»Derartige Mordereien hinter der Front«
Opfer und Debatten 82

*»Daß Köln [...] außer dem Dom in Schutt und
Asche liegt«*
Im Teufelskreis der Eskalation 85

Anmerkungen 87

Quellen und ausgewählte Literatur 111

Dank 122

Bildnachweis 123

Köln 1914

Die Anfänge des Bombenkriegs in Europa

Köln und der Luftkrieg 1914? Man assoziiert majestätisch schwebende riesige Zeppeline oder heldenhaft faire Duelle der »Ritter der Lüfte« in ihren Doppeldeckern – hartnäckige historische Mythen, befördert von Nostalgie und Sensationslust im Format von Abenteuerromanen oder Actionfilmen.

Das Thema Bombenkrieg mit Köln in Verbindung zu bringen, liegt nahe. Doch auch hierbei dominieren andere Bilder die kollektive Erinnerung – jene von der im Bombenhagel des Zweiten Weltkriegs zerstörten Stadt. Terror und Zerstörungswut gegen Zivilisten gingen von Nazi-Deutschland aus. Dann folgte der »Tausend-Bomber-Angriff« auf Köln in der Nacht zum 31. Mai 1942 als der »erste Groß-Luftangriff der Kriegsgeschichte«.[1] Doch auch dies hat eine Vorgeschichte.

Die Erinnerung an den Ersten Weltkrieg hat 2014 Hochkonjunktur. Vielleicht gelingt es im Abstand von hundert Jahren und mehreren Generationen besser, nun erneut und verstärkt in internationaler Perspektive den Blick auf die Ursprünge der europäischen Katastrophe zu richten.

In Deutschland war, anders als in Frankreich oder Großbritannien, die Erinnerung an den Ersten Weltkrieg verblasst hinter den beispiellosen Verbrechen der NS-Diktatur und den Zerstörungen des Zweiten Weltkriegs. Dies gilt auch für den Bombenkrieg. Unsere Erinnerung an Warschau, Rotterdam und Coventry, an Köln und Dresden und an Hiroshima stellte verständlicherweise alles Vorhergehende in den Schatten.

Ein Zufallsfund war Anlass, den Ursprüngen des europäischen Bombenkriegs nachzugehen: die Entdeckung von Fragmenten einer Fliegerbombe von 1914 im Depot des Kölnischen Stadtmuseums.[2]

Die Ergebnisse der damit verbundenen Recherchen bestätigen, wie zutreffend das viel zitierte Diktum vom Ersten Weltkrieg als »Urkatastrophe des 20. Jahrhunderts«[3] ist, wie angebracht, ihn als »Laboratorium« zu bezeichnen, in dem früh entwickelt wurde, was später seine tödliche Kraft entfaltete.[4]

Dialektik der Aufklärung: In kürzester Zeit verwandelte sich der Fortschrittstraum von der völkerverbindenden Luftfahrt in einen Albtraum. Es ist bedrückend zu sehen, wie schnell 1914 zivilisatorische Schranken fielen, wie der Unterschied zwischen Front und Heimat aufgehoben und jener »Totale Krieg« damals schon im Kern erkennbar war, der im Zweiten Weltkrieg mit voller Grausamkeit entfesselt wurde.

Im Vergleich hierzu waren die Dimensionen der Luftkriegsführung der Jahre 1914 bis 1918 noch äußerst überschaubar. In London starben mehr Zivilisten durch Verkehrsunfälle als durch deutsche Bomben.[5] Entscheidend aber ist: Die Büchse der Pandora war geöffnet. Und es waren die Deutschen, die sie 1914 öffneten.

Diese Spur führt zugleich erneut zurück nach Köln. Von Köln aus startete der erste Bombenangriff auf eine städtische Zivilbevölkerung in Europa: vor genau einhundert Jahren, über Lüttich in der Nacht auf den 6. August 1914. Weitere folgten. Nach Köln zurück schlug dann, befohlen von Winston Churchill, die Gegenwehr mit den ersten britischen Luftangriffen auf Deutschland im September und Oktober 1914.

Die Eskalation ließ nicht lange auf sich warten. 1918 verfügten alle Seiten über Großbomber, bereit, diese einzusetzen.[6] So entstand das, was die Militärs kühl den »strategischen Luftkrieg« und was die Zivilbevölkerungen voller Entsetzen »Bombenkrieg« nennen. Die Folgen sind bekannt. Die Anfänge bislang weniger.

Vom Traum zum Albtraum

»Wir leben in einer großen Zeit«
Luftfahrtbegeisterung und Luftfahrtpioniere in Köln

Als die frisch mit dem Sohn des Kölner Verlegers Greven vermählte Französin Claire Ledosquet im Ballon zu einer mehr als vierstündigen Fahrt in den Kölner Frühlingshimmel aufstieg, war die Welt noch in Ordnung.

Es war der 10. Mai 1910. Ihr Ballon hieß »Köln«, im Korb standen auch ihr Mann Wilhelm Greven, Josef Bachem und ihre Freundin, die Frau des Majors Binhold. Claire Greven wollte erforschen, wie der menschliche Organismus auf Höhenluft reagiert. Solche »Wissenschaftsfahrten« wurden 1911 ihr großer Coup. Vom Aachener Weiher bis nach Bremen fuhr sie mit ihren Begleitern 7600 Meter hoch, bei minus 22 Grad mit nur einer Sauerstoffmaske: die damals »höchstgefahrene Frau der Welt«. Im April 1912 wagte sie die erste Alleinfahrt, am 15. Juni 1913 mit zwei Freundinnen und ihrem Mann eine Ballon-»Wettfahrt mit Automobil- und Flugzeugverfolgung« von Köln über Kevelaer nach Goch.[7] Der Traum vom Fliegen, Geschwindigkeit und Technik, neue, ungeahnte Erkenntnisse, der Aufbruch von Frauen aus althergebrachten Rollen: Alles schien möglich. Auch in Köln.

Claire Greven war Mitglied im »Cölner Club für Luftschiffahrt« (CCfL), dessen Gründung 1906 als Initialzündung der Kölner Luftfahrt gilt und der 1914 etwa tausend Mitglieder hatte.[8] Vertreten waren einflussreiche Kölner Familien: neben Greven auch die Gebrüder Stollwerck und die

Marguerite Montaut (Gamy): Die Luftschiffe Zeppelin, Parceval und Groß über Köln, Lithografie, Mabileau & Cie, 1909

Les dirigeables PARCEVAL et GROSS en manoeuvre à COLOGNE

Gebrüder Clouth, deren Gummiwarenfabrik in Nippes auch Luftschiffe und Ballone produzierte. Das leistungsstarke Luftschiff »Clouth« fuhr 1910 von Köln nach Brüssel zur Weltausstellung und erhielt dort den »Preis für Luftschiffe«.[9] 1909 war das Jahr des Durchbruchs. In Köln wurde die Luftfahrt zur Massenattraktion – erstmals bei der »Großen Freiballonwettfahrt« am 27. und 29. Juni.[10] Im selben Jahr ließ Kaiser Wilhelm II. Köln den Titel »Reichsluftschiffhafen« verleihen und die erste Luftschiffhalle in Bickendorf mit Platz für zwei Luftschiffe errichten.[11]

Es folgte am 5. August 1909 die triumphale Ankunft des Grafen Zeppelin, der »mit dem stolzen Luftkreuzer« LZ 5 den Dom umkreiste: Die Kaiserglocke erklang, Zehntausende beobachteten das Schauspiel auf geschmückten Straßen, auf Feldern, Plätzen und Dächern. »Und unter dem Gesange ›Deutschland, Deutschland über alles‹« landete Zeppelin in Bickendorf und nahm vom Oberbürgermeister einen Lorbeerkranz entgegen.[12] Im »Zeppelinkult« zeigte sich beides: nationalistisch-reaktionärer Impuls und völkerverbindendes, dem Fortschritt verpflichtetes Ideal.[13] Auch Flugzeugpioniere wurden begeistert empfangen, so vom 30. September bis 6. Oktober 1909 auf dem Platz der Pferderennbahn in Köln-Merheim anlässlich der »Ersten Flugwoche«. Ebenfalls noch im Oktober schloss sich ein vierwöchiges Luftschiffmanöver an, über dem Rhein schwebten verschiedenste Typen von Zeppelinen und Luftschiffen.[14]

Im selben Jahr 1909 beschloss der 16-jährige Kölner Bruno Werntgen, angestachelt vom »Flugfieber«, Pilot zu werden; er gründete mit seiner Mutter Tony 1911 eine Flugschule in der Merheimer Heide und produzierte bis zu seinem tödlichen

Schaulustige beobachten von Häuserdächern aus die Ankunft des Zeppelins Z II in Köln, 5. August 1909, Bildpostkarte der Heiss & Co., Graph. Kunstanstalt, Cöln-Sülz

Absturz 1913 eigene Flugzeuge. Seit 1909 baute Jean Hugot in der Kölner Gumprechtstraße Flugmaschinen, 1912 organisierte er den ersten Großflugtag auf dem Butzweilerhof mit 100.000 Zuschauern.[15]

Vor der Luftschiffhalle in Bickendorf traten Zauberer auf inmitten von Ansichtskarten-, Wurst- und Eisverkäufern. Erstmals flog auch eine Frau in einem Flugzeug – gemeinsam mit dem französischen Piloten Léon Delagrange in Merheim. Der französische Flugpionier Louis Blériot, der am 25. Juli 1909 als Erster den Ärmelkanal überquert hatte, war auf der »Merheimer Flugwoche«, die am 30. September 1909 begonnen hatte, »der Held des Tages« – seine Maschine wurde danach im neu erbauten Kaufhaus Peters gegen Eintritt der neugierigen Öffentlichkeit präsentiert, der Andrang war groß.[16]

Karl Kraus brachte – mit spöttischem Unterton – das Lebensgefühl vor dem Ersten Weltkrieg auf den Punkt: »Aber wir leben in einer großen Zeit.«[17]

Trotz Patriotismus, und auch wenn im »Cölner Club für Luftschiffahrt« viele Offiziere vertreten waren:[18] Noch war die Luftfahrt vorwiegend zivil, volksfesthaft und international. Dies sollte sich rasch ändern.

»Et hätt noch emmer, emmer, emmer jot jejange«
Die Militarisierung der Kölner Luftfahrt

Beim nächsten »Großen Schaufliegen« auf der Merheimer Pferderennbahn im Jahr 1911 – dem größten Motorflugereignis Deutschlands – waren nur Deutsche zugelassen.[19] Schon 1909 hatte Graf Zeppelin nach der Ankunft in Köln seinen Zeppelin LZ 5 der Festung Köln übergeben – zu den Klängen des »Kölner Karnevalsmarsches«: »Et hätt noch emmer, emmer, emmer jot jejange, und et jeht noch emmer jot!«[20] Fortan nutzte das Militär das Luftschiff unter der Bezeichnung Z II.[21]

Bedeutend für die militärische Luftfahrt wurden in Köln fünf Standorte: im Nordwesten auf größtenteils unbebautem Gelände Flugplatz, Luftschiffhafen und Luftschifferkaserne, in Ehrenfeld die Gasanstalt und auf der rechten Rheinseite im Osten Kölns der Schießplatz in der Wahner Heide.

In Köln-Bickendorf am heutigen Ossendorfer Weg lag der Luftschiffhafen mit Luftschiffhalle und Abfluggelände. Etwa einen Kilometer weiter nördlich wurde der Flugplatz Butzweilerhof für Militärflugzeuge genutzt, etwa vier Kilometer südlich befand sich die Gasanstalt.[22]

300 Meter östlich der Luftschiffhalle, in Köln-Ossendorf an der Frohnhofstraße, begann man 1913 mit dem Bau der Luftschifferkaserne für 190 Soldaten des in Köln stationierten, mit Kriegsbeginn 1914 dem VIII. Armeekorps in Koblenz unterstellten Luftschiffer-Bataillons Nr. 3. Ein Teil der Gebäude ist – wenngleich stark verändert – bis heute erhalten.[23]

Die Gasanstalt in Ehrenfeld belieferte nicht nur das städtische Gasnetz, sondern auch die Luftschiffe in Bickendorf mit dem nötigen Treibgas – anfangs die zivilen Luftschiffe der Kölner Firma Clouth, später die dort ausschließlich militärisch genutzten Zeppeline und sonstigen Luftschiffe. Der Wasserstoff wurde in der Gasanstalt komprimiert und in Stahlzylinder abgefüllt – Druckbehälter, die regelmäßig nach Bickendorf transportiert wurden.[24]

Der Zeppelin Z II bei der Einfahrt in die Luftschiffhalle in Köln-Bickendorf, 5. August 1909, Bildpostkarte der Heiss & Co., Graph. Kunstanstalt, Cöln-Sülz

Auf einem Stadtplan von 1915 suchte man den Flugplatz Butzweilerhof vergeblich.[25] Die Stadt Köln hatte sich seit 1911 bemüht, dort einen zivilen Flugplatz dauerhaft einzurichten. Doch seit September 1912 wurde der Butzweilerhof als militärische »Kaiserliche Fliegerstation Cöln« mit Schule, Flugfeld und Hangars ausgebaut. Stab und 1. Kompanie des in Köln stationierten, im Krieg dann zum VIII. Armeekorps in Koblenz zählenden Flieger-Bataillons Nr. 3 wurden seit April 1913 hier in größtenteils barackenähnlichen Gebäuden in der Nähe der größeren Flugzeughallen untergebracht.[26]

Der Butzweilerhof war nun militärisches Sperrgebiet, die zivile Luftfahrt musste nach Merheim ausweichen.[27] Als trotz Verbots im April 1913 der englische Flugpionier Gustav Hamel von Dover kommend auf dem Butzweilerhof landete, wurde er von Offizieren freundlich empfangen, dann aber vom Militär in das Dom-Hotel überführt. Er musste mitsamt zerlegtem Flugapparat den Heimweg mit der Bahn antreten.[28]

Schieß- und Bombenabwurfübungen vollzog man mit Flugzeugen vom Butzweilerhof und Luftschiffen aus Bickendorf in der Wahner Heide. Hier wurde 1912 mit Zeppelins Luftschiff Z II erstmals der Einsatz gegen Schützengräben erprobt, hier entstand 1913 eine Fliegerstation auf dem Artillerieschießplatz – die Keimzelle der späteren zivilen Flugfahrt in Köln-Wahn.[29]

Führend im zivilen und militärischen Flugzeugbau war Frankreich. Das Deutsche Kaiserreich, herausragend in der Entwicklung von Luftschiffen, wollte nun auch im Flugzeugbau aufholen. 1912 schrieb der Große Generalstab fest, dass im Kriegsfall mit jedem Armeekorps eine Feldfliegerabteilung mit acht Flugzeugen mobilmachen sollte.[30] Dem Zeppelin-

Fieber sollte die Flugzeugbegeisterung folgen. 1913 erbrachte eine nationale Spendenaktion unter der Schirmherrschaft von Prinz Heinrich, Bruder des Kaisers und selbst Pilot, über 7,6 Millionen Mark. Die 100.000 Mark, die Kölner Bürger stifteten, investierte der Kaiser für die dortige Fliegerstation, die fünf »Albatros-Taube«-Flugzeuge erhielt – mit den Namen »Cöln I« bis »Cöln V«.[31]

Am 11. Mai 1913 und am 17. Mai 1914 wurden auch in Köln die beliebten »Prinz Heinrich-Flüge« durchgeführt als Leistungsschauen fliegerischen Könnens. Noch nahmen neben Heeresoffizieren auch zivile Flugbegeisterte daran teil. Doch das Militär bestimmte bereits die Regeln: Es waren nur Flugapparate zugelassen, die in Deutschland gebaut worden waren und den Anforderungen eines Militärflugzeugs entsprachen.[32]

Für die zivile Luftfahrt wollte man in Köln einen Luftboothafen einrichten mit Wasserflugzeug-Verkehr zwischen Köln und Mainz. Regelmäßige Flüge von Köln bis nach Königswinter waren bereits angekündigt. Alles wurde beendet, als am 28. Juli 1914 der Beginn des Krieges absehbar war. Der Konstrukteur und Flugpionier Arthur Delfosse, dessen erste Flugzeugmotorenfabrik Deutschlands in Köln-Riehl 1914 schon 400 Arbeiter beschäftigte, stellte auf Werkzeugmaschinen um und gab die Fliegerei auf.[33]

Der »Cölner Club für Luftschiffahrt«, mit dem Claire Greven vier Jahre zuvor ihre Pionierfahrten im Ballon begonnen hatte, hieß nun »Kölner Klub für Luftfahrt«. Er musste alle Flugapparate an das Heer abtreten, die Ballonführer und Piloten wurden zum Militär eingezogen.[34]

»Almost the nearest point to England«
Köln und die Zeppelin-Angst in London

Bereits mit dem erwähnten Kölner Luftschiffmanöver im Oktober 1909 wurden klar definierte militärische Ziele verfolgt. Von der damaligen Erprobungsfahrt mit einem Luftschiff zwischen Köln und Koblenz[35] erfuhr man auch in London – und war entsetzt. Denn die Deutschen hatten beim Luftschiffmanöver »in Köln und dem Rheintal« nicht nur Versuche mit Telegrafie durchgeführt – sondern auch mit Bombenabwürfen. Der deshalb 1910 einberufene Kriegsrat mit Kriegsminister Lord Haldane und dem damaligen Innenminister Winston Churchill war ratlos: Über die streng geheimen Ergebnisse dieser deutschen Militärübungen hatte man keine Informationen. Man erwog für London erste Schutzmaßnahmen.[36]

Zur internationalen Begeisterung für die rasanten Neuerungen der zivilen Luftfahrt gesellte sich die Angst vor einer künftigen militärischen Nutzung gegen die Zivilbevölkerung. Dabei spielte der Standort Köln in der britischen Sicht von Anfang an eine entscheidende Rolle. Zum einen wusste man auch in London, dass nicht weit von der Bickendorfer Luftschiffhalle in der städtischen Gasanstalt das nötige Traggas hergestellt wurde.[37] Ähnliches gab es auch in Metz, Hamburg, Berlin und anderen Städten. Zum anderen aber war die geografische Lage Kölns entscheidend, denn »diese Stadt« – so das Resümee des britischen Kriegsrates – sei als Ausgangspunkt deutscher Luftangriffe England am nächsten gelegen: »[...] almost the nearest point to England.«[38]

In London erhielt die Zeppelin-Angst (»Zeppelin Fear«) 1913 durch Gerüchte über Luftschiffe, die über England gesichtet worden seien, neue Nahrung. Viele Briten fürchteten, im Kriegsfall deutschen Zeppelinen schutzlos ausgeliefert zu sein. Am 27. Februar 1913 versuchte die Zeitung *Daily Mail* die Gemüter zu beruhigen – unter Berufung auf Artikel der *Kölnischen Zeitung*: Diese Gerüchte seien »monströs« und haltlos, nie habe solch ein »heimlicher Besuch« stattgefunden, kein militärischer oder Marine-Zeppelin habe je Kurs über England genommen. Ansonsten hätte man – so die offiziellen britischen Stellen – auch Sorge für Verdunkelung getragen.[39]

Mehr als dies hatten das britische Kriegsministerium und die Admiralität vorerst auch nicht anzubieten. Es war somit folgerichtig, dass sich Winston Churchill, 1914 Erster Lord der Admiralität, bei Kriegsbeginn persönlich des Problems einer zukünftigen Bekämpfung deutscher Luftschiffe annahm – und dass Köln dabei weiterhin im Fokus stand.[40]

»Vers le terrain d'atterrissage de Bickendorf« Mai 1914: Kriegsstimmung und Spionage-Angst um die Kölner Luftschiffhalle

Bereits 1911 wurden Details zu Standort und Bauweise der Luftschiffhalle Bickendorf veröffentlicht.[41] Die Halle, eine Metallgitterkonstruktion, war innen über 150 Meter lang, gut 40 Meter breit und 25 Meter hoch und bot Platz für zwei Luftschiffe. Ausführlich wurden Aussehen, Funktion und Konstruktion der Halle 1912/13 erneut und sogar mit beigefügten Bauplänen beschrieben, lediglich ihr Standort, da sie bei Erscheinen des Artikels bereits ausschließlich militärisch genutzt wurde, wurde im Begleittext nun verschwiegen.[42]

Wie übernervös man mit dieser nun militärischen Anlage der Kölner Luftschiffhalle umging, beleuchtet eine Episode kurz vor Kriegsbeginn. Am 25. Mai 1914 berichtete der Kölner Polizeipräsident über die »Festnahme von vier spionageverdächtigen Ausländern«, deren Vergehen darin bestand, die Luftschiffhalle »eingehend angesehen« zu haben.[43]

Die festgenommenen »französischen Ingenieure Clement-Bayard und Genossen« – drei Franzosen und ein aus Odessa stammender österreichischer Staatsbürger als Dolmetscher[44] – seien bereits zuvor vor der Cuxhavener Luftschiffhalle ähnlich auffällig geworden. Darüber informierte der Hamburger Polizeipräsident seinen Kölner Kollegen unter der Überschrift »Ganz geheim!«: Es handele sich um »Agenten«, die »für das französische Nachrichtenbureau« Konstruktionsdetails deutscher Luftschiffhallen auskundschafteten, was auch der deutsche Admiralstab bestätige.[45]

Weitere Informationen lieferte ein in Paris lebender Kölner in seine Heimatstadt. »Clement-Bayard« sei »intelligent«, »chikanös«, gut im Geschäft und »mit allen Hunden gehetzt«. Früher habe er viel Geld gemacht »in der Velo-Branche, später in der Automobile und zuletzt in der Luftschiffahrt«. Sein Neffe habe im Büro des ehemaligen Premierministers Aristide Briand[46] gearbeitet, dadurch habe er Aufträge für den Bau von Luftschiffen erhalten und verfüge über »sehr gute Beziehungen zu allen Bureaus des Kriegsministeriums«. Da die französische Marine neue, »drehbare Luftschiffhallen« bauen wolle, habe »Clement-Bayard« deutsche Luftschiffhallen untersucht, um entsprechende Pläne entwickeln zu können.[47]

Rückblickend fällt es schwer zu beurteilen, was fataler war: die von Verdächtigungen durchdrungene Sprache der

Behörden – oder deren Beschränktheit und pure Ahnungslosigkeit. Ein Blick in die Zeitung hätte nämlich genügt, denunzierende vertrauliche Briefe aus Paris waren gar nicht nötig. Sogar der *Stadt-Anzeiger zur Kölnischen Zeitung* war besser informiert als der Kölner Polizeipräsident.

Noch am Tag, als dieser seine Akte anlegte, sorgte dort der Artikel »Auf der Durchreise in Köln« für Aufklärung. Gustave Adolphe Clément-Bayard war einer der größten französischen Unternehmer und ein international bekannter Industriepionier, führend im Bau von Automobilen – und »Flugmaschinen«.[48] Seine Werke befanden sich in Mézières in den Ardennen, sein Luftschiff »Clément-Bayard II« hatte 1910 als Erstes den Ärmelkanal überquert. Clément-Bayard war in Frankreich hoch angesehen und Kommandeur der Ehrenlegion, kurz: Die ahnungslosen Kölner Polizeibeamten hatten am Freitag, dem 22. Mai 1914, vor der Bickendorfer Luftschiff-

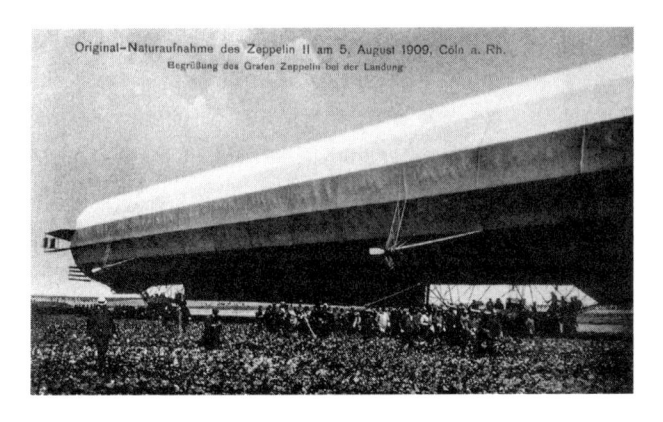

Landung des Zeppelins Z II in Köln, 5. August 1909, Bildpostkarte der Heiss & Co., Graph. Kunstanstalt, Cöln-Sülz

halle eine Berühmtheit festgenommen: »le Zeppelin de la France«[49] – das französische Pendant zum deutschen Grafen Zeppelin.

Kein Wunder, dass es in Paris nach Clément-Bayards Rückkehr einen handfesten Skandal gab. Die peinliche Kölner Episode prangte mit Bild auf der Titelseite der Tageszeitung *Le Matin*, mit in diesem Fall nachvollziehbaren antideutschen Untertönen unter der Schlagzeile »So ist es, das ›süße Land‹«.[50] In Paris und bald danach auch in Deutschland beherrschte das Thema die Schlagzeilen.

In fast allen Pariser Zeitungen[51] berichtete Clément-Bayard am 25. Mai und den folgenden Tagen detailliert den Vorfall, was mit den Aussagen in den Kölner Polizeiakten weitgehend übereinstimmt: wie er am 18. Mai von Paris, mit allen notwendigen Papieren ausgestattet, nach Frankfurt reiste; wie er dort, vom Direktor freundlich empfangen, Wasserstoffwerke, Hangars und Luftschiffe der DELAG besichtigte;[52] wie er sich dann in Berlin mit dem Direktor der Deutschen Waffenfabrik traf, in einem Zeppelin über Potsdam und Berlin fuhr (einzig die Inspektion einer vom Heer genutzten drehbaren Luftschiffhalle wurde ihm untersagt) und wie er schließlich in Cuxhaven ein Gezeitenkraftwerk in Augenschein nehmen durfte.

Dann aber kam Köln. Mit einem seiner Ingenieure, einem Architekten und einem Dolmetscher kam er am 22. Mai gegen sieben Uhr morgens am Hauptbahnhof an. Man sah einen Zeppelin über der Stadt schweben und beschloss, mit vielen anderen Schaulustigen dessen Landung beizuwohnen. So fuhr man im Automobil »zum Landeplatz von Bickendorf« (»vers le terrain d'atterrissage de Bickendorf«).[53]

Danach wollte die Reisegruppe »in einer kleinen benachbarten Herberge« frühstücken, wurde aber von Polizisten festgenommen.[54] Man konnte sich ausweisen, sprach aber Französisch. Das genügte. Die vier wurden zum Polizeipräsidium verbracht und stundenlang einzeln verhört und durchsucht. Die Bitte, mit dem französischen Konsulat zu sprechen und die Familien telegrafisch zu informieren, wurde mit der Einweisung in Zellen beantwortet. Es folgten erkennungsdienstliche Maßnahmen »wie für gewöhnliche Straftäter«[55] mit Fingerabdrücken und Fotografien, dann die Überführung in Einzelzellen des Gefängnisses Klingelpütz. Den als Dolmetscher die Gruppe begleitenden Staatsbürger des verbündeten Österreich-Ungarn soll die Kölner Polizei unter Druck gesetzt haben, sich von seinen Begleitern loszusagen.[56]

Erst nach 36 Stunden Haft wurden alle freigelassen, ohne Erklärung, ohne Entschuldigung. Diese »Fakten erinnern uns daran« – so die Pariser Presse hämisch –, »dass für Deutschland und Frankreich« offenbar andere Maßstäbe »von Zivilisation« gelten.[57] Clément-Bayard kündigte an, »auf diplomatischem Wege Beschwerde einzulegen«.[58]

In Paris hieß es, das Vorgehen der Kölner Polizei sei »in höchstem Maße kindisch«,[59] die Kölner Luftschiffhalle seit Jahren bekannt und sogar deren Konstruktion in Fachzeitschriften publiziert. Dies entsprach den Tatsachen. Zudem war die Ankunft von Luftschiffen in Bickendorf immer noch ein von der Öffentlichkeit neugierig verfolgtes Ereignis. Sogar noch auf einem Stadtplan von 1915, der 1916 – mitten im Krieg – veröffentlicht wurde, war die Bickendorfer Luftschiffhalle als deutlich erkennbarer Baukörper eingezeichnet, wenngleich nicht beschriftet. Bezeichnet und mit Grundrissen eingetragen war auch die das Traggas liefernde Gasanstalt Ehrenfeld. Einzig fehlten – aus Gründen der militärischen Geheimhaltung – nun die Einzeichnungen sämtlicher Kölner Forts und Festungsanlagen.[60]

Man fragt sich, was denn im Mai 1914 die Reisenden gemeinsam mit »fünfzig bis sechzig anderen«[61] Zaungästen, die das Landemanöver am Flugfeld beobachteten, überhaupt hätten »ausspionieren« können. Dies fragte sich auch der »Adjutante[n] des hiesigen Flieger-Bataillons«, den die ratlose Polizei »als Sachverständigen« einbestellte,[62] um die Zeichnungen zu begutachten, die man im Gepäck der »Agenten« gefunden hatte und »die auf Konstruktionen von Luftschiffhallen« hinwiesen.[63] Der Adjutant erklärte »alle Zeichnungen

Clément-Bayard (rechts oben) und sein Begleiter Sabathier (links unten), zwei der in Köln Verhafteten, auf der Titelseite der Pariser Tageszeitung *Le Petit Parisien* (26. Mai 1914)

über Luftschiffhallen in den Notizbüchern« für völlig »unbedenklich« – weshalb man die Verdächtigen wieder auf freien Fuß setzen musste.[64]

In Paris protestierte man gegen das Verhalten der Kölner Polizei, die ohnehin international in Verruf stand – aufgrund von Bestechungsskandalen im Januar und der Ausweisung eines russischen Offiziers im März 1914, weshalb man den Kölner Polizeipräsidenten Carl Wegmann in den Ruhestand versetzt hatte.[65]

Nun stand dessen Nachfolger Ernst Reinhold Gerhard von Glasenapp im Kreuzfeuer der Kritik. Auch die vor der Ermordung ihres Herausgebers Jean Jaurès am 31. Juli 1914 noch vorwiegend pazifistische Zeitung *L'Humanité* protestierte, hob aber hervor, dass es sich nur um das Fehlverhalten Kölner »subalterner Polizisten« handle, das auch von »unseren deutschen Kameraden« nicht gebilligt werde.[66] Tatsächlich pflichtete die sozialdemokratische *Rheinische Zeitung* bei: man werde nicht dulden, dass durch »dummpfiffige Polizisten, […] die in jedem, der eine andere Sprache spricht als die ihre, schon einen Verbrecher sehen« die »europäische Unruhe noch gesteigert« und Köln »vor aller Welt lächerlich gemacht« werde.[67] Dass »die Kölner Polizei den Weltfrieden nicht stören« könne, sei »klar«, doch dienten solche feindseligen Vorgänge leider auch »der Hetzpresse von drüben«.[68]

Eine zutreffende Befürchtung: Die Pariser Presse tobte, der französische Außenminister beschwerte sich in Berlin, der Kölner Polizeipräsident musste eine Rechtfertigung veröffentlichen.[69] Eine Entschuldigung erfolgte nie. Die *Kölnische Zeitung* und die deutsche bürgerliche Presse verteidigten nun die Kölner Polizei – Feindseligkeit und kriegerische Stimmungsmache im Mai 1914, entbrannt rund um die Kölner Luftschiffhalle.

»Die Barbarisierung der Luft«
Visionen und Realitäten

Noch 1911 träumte die engagierte Pazifistin Bertha von Suttner von der Luftfahrt im Dienst der »Höhenflüge der Seele«, als Motor des kulturellen Fortschritts, des internationalen Austauschs, des Weltfriedens und der Überwindung von Grenzen. Der militärische Einsatz der »Aviatik« jedoch sei, so Suttner, das genaue Gegenteil dieser moralischen Höherentwicklung.[70] Eindringlich warnte sie 1912 in ihrer Flugschrift *Die Barbarisierung der Luft* vor einem künftigen Luftkrieg.[71] Vergeblich: Die Trägerin des Friedensnobelpreises wurde von den meisten männlichen Nationalisten verspottet.

In seinem Zukunftsroman über den Luftkrieg *The War in the Air* beschrieb H. G. Wells 1908, wie eine deutsche Luftschiffflotte New York bombardiert.[72] England, die vermeintlich geschützte Insel, wähnte sich in Gefahr. Hier erschien wie bereits nach 1871 (und erneut nach dem Kanaltunnelbau in den 1980er-Jahren) eine Flut an belletristischer »Invasionsliteratur«, befördert von Blériots Flug, mit dem dieser 1909 bewiesen hatte, dass der Ärmelkanal für Flugapparate kein Hindernis mehr war. Doch nicht die in der Entente mit Großbritannien verbündeten Franzosen, sondern vor allem die Deutschen wurden zunehmend als mögliche Eindringlinge beschworen. Auch wenn die Horrorvision von H. G. Wells noch Zukunftsmusik war: Sie schilderte vorausschauend die technischen und strategischen Herausforderungen eines Bombenkriegs gegen die Zivilbevölkerung. Die Wirklichkeit sollte sich der literarischen Vision schneller nähern, als man es damals ahnen konnte.[73]

Am 1. November 1911 erfolgte der erste Luftangriff der Kriegsgeschichte – ein italienischer Pilot warf über Libyen Granaten auf osmanische Truppen. In den Balkankriegen 1912/13 wiederholten die Bulgaren Ähnliches. Doch noch betrachteten die Militärs aller Nationen das Flugzeug vorwiegend als verlängerten Arm der Kavallerie zur Aufklärung feindlicher Truppenbewegungen.[74] Mit gewissem Recht: entdeckten doch französische Piloten am 3. September 1914 die Lücke in der deutschen Front – was die Wende in der für die Briten und Franzosen siegreichen Schlacht an der Marne einleitete.[75]

Die meisten Militärflugzeuge waren 1914 noch unbewaffnet. Bomben oder Granaten wurden von Hand aus dem Cockpit geworfen – oder auch metallene Fliegerpfeile, »spitze Eisenstäbe«, deren Wirkung Robert Musil eindrücklich beschrieb: »[…] trafen sie den Schädel, so kamen sie wohl erst bei den Fußsohlen wieder heraus, aber sie trafen eben nicht oft, und man hat sie bald wieder aufgegeben.«[76] Mit solchen taktischen Einsätzen löste man Panik aus – konnte aber keine wirklich verheerenden Schäden herbeiführen.

Ein strategischer Bombenkrieg im Hinterland des Feindes dagegen war allenfalls denkbar, aber kaum realisierbar. Einzig Russland verfügte über Großflugzeuge, die Bomben hätten transportieren können. Die Reichweiten der britischen, französischen und deutschen Flugzeuge waren wie ihre Traglast zunächst noch viel zu gering.[77]

Anders bei den Luftschiffen. Über die bei Weitem umfangreichste Flotte – Zeppeline mit Aluminiumgerüst oder den Typ »Schütte-Lanz« mit Holzgerüst – verfügte das Deutsche Reich. Luftschiffe waren zwar stärker als Flugzeuge von Wind und Wetter abhängig, hatten aber eine beachtliche Reichweite, konnten eine wesentlich größere Bombenlast transportieren und sich durch hohe Flughöhen möglichem Abwehrfeuer oder gegnerischen Flugzeugen entziehen. Diese Vorteile sollten erst im Lauf des Krieges verloren gehen, nachdem britische und französische Flugzeuge höher steigen konnten und Brandgeschosse eingesetzt wurden, die einen einmal getroffenen Zeppelin in einen Feuerball verwandelten.[78]

1914 jedoch schien gegen deutsche Zeppeline kein Kraut gewachsen. Es gab aufseiten der Entente weder ausreichende Abwehrgeschütze noch Warnsysteme oder Schutzbunker.[79] Die »Orchestermusik [...] der bombenwurfprobenden Luftschiffe« begleite als »Gesang«, so Bertha von Suttner 1914, die wachsende Aggressivität der internationalen Politik.[80]

Zeppeline schwebten über deutschen Städten, auch in Köln. Am 17. Februar 1914 wurde ein über dem Blücherpark manövrierender Zeppelin »von mehreren Flugapparaten des Butzweilerplatzes umschwärmt« und »mit lebhaftem Interesse verfolgt«:[81] in Köln mit Begeisterung. Von London und Paris aus mit Sorge.

Von Köln aus: Der Beginn des europäischen Luftkriegs

»Das Stadtinnere sollte beworfen werden«
5./6. August 1914: Von Köln nach Lüttich – der erste Bombenangriff auf eine Stadt

Schon der Beginn des Kriegs im Westen war unmittelbar mit dem Thema des Luftkriegs verbunden. Die Kriegserklärung Deutschlands an Frankreich am 3. August 1914 wurde mit angeblichen Luftangriffen »durch französische Piloten« begründet: Diese hätten bei Wesel versucht, Zerstörungen anzurichten, andere seien über der Eifel gesichtet worden, einer habe Bomben auf Eisenbahngleise bei Karlsruhe und Nürnberg abgeworfen.[82] Die deutschen amtlichen Kriegs-Depeschen meldeten, dass schon »in der Nacht vom 1. August zum 2. August […] ein feindliches Luftschiff in der Fahrt von Kerprich auf Andernach beobachtet« worden sei, ein französisches Flugzeug habe man »bei Wesel heruntergeschossen«.[83] Abgesehen davon, dass diese plumpen Erfindungen nur den deutschen Einmarsch in Belgien rechtfertigen sollten,[84] waren für solche Luftangriffe die flugtechnischen und organisatorischen Voraussetzungen kaum gegeben.

Es war jedoch nur eine Frage der Zeit, wann und wo theoretisch denkbare Bombardierungen aus der Luft erstmals in der Praxis umgesetzt wurden: zuerst an der Front gegen Bodentruppen, dann im Hinterland gegen militärische Anlagen und schließlich auch gegen die Zivilbevölkerung in den Städten.

Dass sich diese Eskalation bereits 1914 abzeichnete, wird in der Forschung erwähnt.[85] Der Zeitpunkt ihrer Entfesselung indes lässt sich exakt bestimmen, zuerst und deutlich auf deutscher Seite. Es war die Nacht vom 5. auf den 6. August 1914 und verbunden mit dem Luftschiff, dessen Name zugleich für den Ausgangspunkt der Aggression stand: »Cöln«.

Zwar hatte kurz zuvor bereits am 3. August – nach französischen Angaben wenige Stunden vor der erwähnten offiziellen Kriegserklärung Deutschlands – ein deutsches Flugzeug einige Bomben über Lunéville abgeworfen, doch blieb dies eine Einzeltat und Episode verglichen mit dem nun beginnenden strategischen Einsatz deutscher Luftschiffe.[86]

Die beiden ersten Seiten des Gefechtsberichts des Luftschiffkommandanten sind erhalten, inklusive der Formulierung des Einsatzziels.[87] Die erste Seite erschien als Abdruck 25 Jahre später, 1939, in einem Zeitungsartikel, der aus den nicht mehr auffindbaren weiteren Seiten des Gefechtsberichts ausführlich zitiert;[88] der Gefechtsbericht fand im selben Jahr auch Eingang in die offizielle deutsche Militärgeschichtsschreibung.[89]

Demnach sollte das Luftschiff »Cöln« (Z VI), stationiert in der Luftschiffhalle in Köln-Bickendorf, den Vormarsch deutscher Truppen unterstützen, die gemäß Schlieffen-Plan in das neutrale Belgien eingefallen waren. Wider Erwarten wehrten sich die Belgier erbittert. So musste das von einem Ring modernster Forts umgebene Lüttich an der Maas erobert werden. Die deutschen Belagerer waren im Norden, Osten und Süden bis zu den Forts vorgedrungen.[90]

Der bevorstehende Luftangriff wurde dem Gouverneur der Festung Lüttich, General Gérard Leman, am selben 5. August angekündigt durch einen hohen Offizier des deutschen Generalstabs, der aufgrund seiner vormaligen Tätigkeit als Militärattaché in Brüssel über entsprechende Kontakte verfügte. Es war de facto eine erpresserische Drohung »auf Wunsch des Kaisers«: Die Belgier sollten alle Kriegshandlungen einstellen und Lüttich freigeben, ansonsten werde »noch an diesem Abend ein Luftschiff über dieser unglücklichen Stadt schweben und auf sie seine Bomben fallen lassen.«[91] Leman lehnte dies »mit aller gebotenen Höflichkeit« ab.[92]

Schon kurz zuvor bei Kriegsbeginn hatte der Major im Großen Generalstab von Dücker, Beobachtungsoffizier und Kommandant der »Cöln«, den Befehl zur Angriffsfahrt auf Lüttich erhalten. Das Luftschiff konnte jedoch keine schweren Bomben transportieren. Um Gewicht zu sparen, ließ von Dücker die oberen Bord-Maschinengewehre ausbauen, da in der Nacht ein Gegenangriff feindlicher Flieger »unwahrscheinlich« sei, und stattdessen sieben 15-cm-Granaten sowie eine 21-cm-Granate mit entsprechenden Aufhängungen einbauen. Versorgt mit Treibstoff für achtzehn Stunden Fahrt, startete die »Cöln« mit zwölf Mann Besatzung in Bickendorf am 5. August um 22 Uhr[93] – auf den Tag genau fünf Jahre nachdem Graf Zeppelin sein Luftschiff dem Kölner Militär übergeben hatte.

Gegen Mitternacht wurde die »Cöln« über Aachen »anscheinend von eigener Infanterie beschossen« und musste sich diesem »friendly fire« entziehen.[94] Man kämpfte mit starkem Wind und einem beschädigten Motor und erreichte nur eine Geschwindigkeit von 30 Stundenkilometern. Zwei 15-cm-Granaten warf man von Bord, um Gewicht zu sparen und an Tempo zu gewinnen: »Die Sorge zu spät zu kommen, spannte alle Kräfte.«[95] Einen Bogen nördlich nehmend und dabei die Fahrt über neutrales niederländisches Territorium bei Maastricht nur knapp vermeidend, näherte sich der Koloss dem Ziel.

Am 6. August 1914 gegen 2.30 Uhr erkannte man »durch Wolkenlücken« die »zahlreichen Gaslichter« der Stadt Lüttich. Auch die »Cöln« wurde entdeckt und von belgischen Truppen beschossen. Major von Dücker gab das Kommando zum Abwurf der verbliebenen fünf 15-cm-Granaten und der 21-cm-Granate. Als der Mechanismus klemmte, warf man die tödliche Last von Hand ab und nahm fünf Detonationen wahr – und heftiges Abwehrfeuer.[96]

Von diesem getroffen, aber noch manövrierfähig, gelang die Rückfahrt. Kurz vor Köln musste von Dücker die Notlandung anordnen. Die »Cöln« havarierte gegen 4.30 Uhr in einem

Propagandistische deutsche Darstellung vom Luftangriff des Zeppelins »Cöln« auf Lüttich; dargestellt ist im Vordergrund die Bombardierung der Forts, aber auch der Innenstadt

Wald bei Walberberg zwischen Bonn und Köln. Die Besatzung konnte sich retten.[97]

Die Kölner Presse jubelte. Von der Havarie war keine Rede. Stattdessen hieß es über den Unteroffizier, der die Bomben abgeworfen habe: »Derselbe war nach der Landung des Luftschiffes unter den tausenden Zuschauern Gegenstand der begeisterten Ovationen.«[98] Die Wirklichkeit sah weniger pathetisch aus: Die bei Walberberg gestrandete Besatzung wurde von einem benachbarten Kloster mit Kaffee und Kuchen versorgt, bis sie vom Kommandeur des Kölner Luftschiffer-Bataillons mit Automobilen nach Bickendorf zurückgebracht wurde, während ihr Luftschiff verschrottet werden musste.[99]

Einige Zerstörungen und Panik waren durch die Granaten der »Cöln« über Lüttich herbeigeführt worden, besonders das dicht bevölkerte Viertel Outremeuse war betroffen. Auch Tote und Verletzte gab es zu beklagen; die Angaben zu den Opferzahlen schwanken, neuere Forschungen gehen von 13 Toten aus.[100] Die Unsicherheiten erklären sich daraus, dass Lüttich in derselben Nacht auch von Artilleriegeschossen getroffen wurde und es im Nachhinein kaum möglich ist zu unterscheiden, welche Opfer und Schäden konkret die Bombardierung aus der Luft forderte. Hinzu kommt, dass offenbar nicht alle Bomben der »Cöln« explodierten – eine hat sich erhalten und befindet sich heute im Musée du Fort de Boncelles in einem der ehemaligen Außenforts von Lüttich.[101]

In der belgischen Presse versuchte man, die Folgen des Luftangriffs herunterzuspielen, schließlich sei der Zeppelin durch Abwehrfeuer der Forts bei Battice vertrieben worden: »Man sollte nicht übertreiben. Zehn Granaten sind keine verheerende Zerstörung. Sie haben womöglich niemanden

Lüttich: durch den Luftangriff zerstörte Häuser am Quai des Pêcheurs (heute: Quai Edouard Van Beneden) im Viertel Outremeuse, belgische Bildpostkarte, versandt am 11. November 1914

getroffen, und nur weil drei Häuser brennen, steht nicht die Stadt in Flammen.«[102]

Militärisch war das Bombardement tatsächlich von geringem Nutzen: Die Eroberung von Lüttich, in deren Verlauf ein Offizier namens Erich Ludendorff erstmals populär wurde, erfolgte einen Tag später dank der Wucht eigens – unter anderem aus Köln – herbeigeschaffter schwerer Artillerie.[103]

In seinen Erinnerungen schrieb der ebenfalls in Köln eingesetzte deutsche Luftschiffkapitän Ernst A. Lehmann später über den Angriff auf Lüttich: »Das Luftschiff warf über den Forts befehlsgemäß seine Bomben ab.«[104] Auch in zeitgenössischen Berichten, die im Stil von Abenteuerromanen den

»langgestreckten Riesenleib« des Luftschiffs über Lüttich im »Halbdunkel der von allerhand Lichtreflexen durchzuckten Nacht« beschrieben, hieß es, dass »nicht weniger als zwölf Bomben mit größerem oder geringerem Erfolg auf die Forts geworfen« worden seien.[105]

Dieser deutschen Sichtweise folgt bislang auch die Forschung. Demnach sei die Zivilbevölkerung zu diesem frühen Zeitpunkt des Krieges noch nicht Ziel des Angriffs gewesen, sondern allenfalls als »Kollateralschaden« zu dessen Opfer geworden. Die Deutschen hätten es auf die Bombardierung der Lütticher Befestigungsanlagen abgesehen, diese aber nicht getroffen.[106]

Doch dies entspricht keineswegs dem Verlauf des Angriffs. Es entspricht auch nicht dem für die Geschichte des europäischen Luftkriegs bedeutenden, expliziten Einsatzbefehl für den Luftschiffkommandanten der »Cöln«. Dieser beschloss seinen Bericht mit den markigen Worten, jeder habe »bis zum äußersten und mit Begeisterung für das ruhmhafte Ziel seine Pflicht« getan.[107] Das »ruhmhafte Ziel« war der Abwurf von Granaten auf die Zivilbevölkerung: Laut von Dückers Gefechtsbericht war »der Zweck der Fahrt, die Bevölkerung Lüttichs mürbe zu machen«. Auch konkrete Angriffsziele waren vorgegeben: Zitadelle und Chartreuse, die als historische Verteidigungsanlagen längst ausgedient hatten, vor allem aber die angrenzende dicht besiedelte Innenstadt. Explizit ausgenommen waren Brücken und Bahnhöfe sowie der Außenring der neuen Forts und Verteidigungsanlagen. Das bestätigte die Leitung des X. Armeekorps in Aachen am 3. August nochmals ausdrücklich: »Das Stadtinnere sollte beworfen werden.«[108]

Dieser Befehl war vom Armeekorps lediglich weitergeleitet worden. Denn die »Cöln«, die, wie es hieß, »bereits am 6. August 1914 beim Landen in der Nähe von Bonn gestrandet« war, und ihr Kommandant Major von Dücker unterstanden wie die »Zeppelin-Luftschiffe VII, VIII, IX, Hansa, Victoria Luise und Sachsen« und das »Parseval-Luftschiff IV« nicht einem Armeekorps, sondern »unmittelbar« dem »Großen Hauptquartier«, das sich damals noch in Berlin und ab dem 16. August in Koblenz befand.[109] Chef dieser höchsten Kommandoebene war der Kaiser persönlich, vertreten waren unter anderem auch Generalstabschef Helmuth von Moltke, Großadmiral Alfred von Tirpitz, Kriegsminister Erich von Falkenhayn, Reichskanzler Theobald von Bethmann Hollweg und der Chef des Auswärtigen Amts Gottlieb von Jagow.[110] Der Einsatz des Zeppelins »Cöln« gegen Lüttich war auch nach Aussage der offiziellen deutschen Militärgeschichtsschreibung »von der Obersten Heeresleitung« im Großen Hauptquartier befohlen worden.[111] Selbst wenn Bethmann Hollweg und Jagow sich im Großen Hauptquartier meist vertreten ließen und der Kaiser in den ersten Kriegswochen seine Rolle als Oberster Kriegsherr nach und nach aufgab:[112] Es bestehen keine Zweifel, dass die erste strategische Bombardierung städtischer Zivilbevölkerung in der Kriegsgeschichte von der Führungsriege des Deutschen Reichs beschlossen wurde.

»*Hurra Zeppelin!*«
Siegestaumel und Propaganda

Die Besatzung der »Cöln« erhielt für ihren Einsatz das Eiserne Kreuz. Die deutsche Propaganda, im Siegestaumel angesichts des erfolgreichen Vordringens des Heeres im Westen, triumphierte: Bildpostkarten, Gedichte und Lieder (»Melodie: Prinz Eugen, der edle Ritter«) feierten und verharmlosten gleichzeitig den Angriff des »braven Zeppelin«, so als hätte er die Lütticher Forts – und nicht die Innenstadt – bombardiert: »Und der Belgier wird bleich. [...] Dieses war der erste Streich!«[113]

Auch eine Medaille ließ man anlässlich der siegreichen Einnahme Lüttichs prägen, die den Zeppelin »Cöln« über der Stadt schwebend zeigt.[114] Sogar auf einer »Wundertüte für 10 Pfennig« pries »Das Lied vom Zeppelin« die vermeintliche Heldentat: »Nun kommt von oben mit surrendem Schall / Wohl Bombe auf Bombe in rasendem Fall [...] Da wendet der Vogel den mächtigen Flug / Als wollte er sagen: Für heut' ist's genug! / Hurra Zeppelin!«[115]

Die Reaktion der Entente musste nun darin bestehen, deutsche Zeppeline am Boden anzugreifen. Dies gelang französischen Flugzeugpiloten nahe der damals deutschen Festung Metz mit der Zerstörung eines Zeppelins am 8. August und zweier weiterer am 14. August. Von neuer Qualität war der Versuch eines ersten Angriffs auf eine deutsche Grenzstadt mit dem französischen Luftschiff »Fleurus« – ausgestattet übrigens mit Motoren aus der Produktion des im Mai in Köln als Spion festgenommenen Clément-Bayard. Es sollte den Hauptbahnhof von Trier bombardieren, traf aber in der Nacht vom 9. auf den 10. August versehentlich nur Gleise beim benachbarten Konz. Dies war der wohl erste Luftangriff auf eine deutsche Stadt.[116] Frankreich war in der Flugzeugtechnik führend – auch militärisch. Nicht aber in der Luftschifftechnik. Kein Wunder, dass die Presse in Paris auch mit Blick auf die in Köln stationierten Luftschiffe die Frage stellte: »Können sie kommen?«[117]

Französische Luftangriffe beschränkten sich zunächst auf die Nähe der Front und blieben improvisiert. Erst ab Herbst 1914 entwickelten auch die Franzosen Ansätze für einen strategischen Luftkrieg gegen das deutsche Hinterland. Im Oktober befahl der französische Oberkommandierende General Joseph Joffre die Bombardierung deutscher Militärbasen und Transportwege in West- und Südwestdeutschland. Eine

»Unser Zeppelin hurra!«: Eine deutsche Propagandapostkarte zeigt die Bombardierung der Lütticher Innenstadt durch den Zeppelin »Cöln« (mit falschem Datum 9. statt 6. August 1914), Albert Ebner, Kunstanstalt, München

Schwadron hierfür wurde in Belfort gebildet, ihr Ziel war Freiburg im Breisgau – mit einem ersten Luftangriff am 4. Dezember 1914.[118] Zuvor jedoch behielten die Deutschen weiterhin die Oberhand – mit Luftschiffen aus Düsseldorf und Köln.

»Oh, it was horrible when they came«
24./25. August 1914: Von Köln aus gegen Antwerpen

Lüttich war nur der Auftakt. Das ebenfalls dem Großen Generalstab unterstellte Luftschiff LZ 17, die »Sachsen«, war »nach Köln übergesiedelt, um dort den verunglückten Z 6 zu ersetzen.« Sie traf anstelle der zerstörten »Cöln« am 9. August in Bickendorf ein.[119]

Doch hier warteten die Luftschiffer zunächst vergeblich »wochenlang« auf weitere Einsatzbefehle. Lehmann, der Kommandant der »Sachsen«, fuhr nach eigener Aussage daher mit dem Automobil von Köln zu seinem Oberkommando nach Koblenz. Auch beim Großen Hauptquartier sprach er dort vor, um die Genehmigung zu erlangen, »selber die nötigen und möglichen Maßnahmen zu treffen«. In Köln seien die Luftschiffer unterdessen »nicht müßig« geblieben.[120] Sie beauftragten »mit Genehmigung der Obersten Heeresleitung eine große Munitionsfabrik bei Köln mit der Herstellung von Bomben nach unseren Ideen« – und probten Bombenabwürfe. Am 23. August absolvierte man eine Schießübung in der Wahner Heide und brach dann unter Kommandant Lehmann zum ersehnten Angriff auf.[121]

Ein neues Ziel stand im Visier: Antwerpen. Die Deutschen hatten auf ihrem Vormarsch nach Frankreich Antwerpen noch nicht erobert. In die befestigte Stadt hatten sich der größte Teil der belgischen Armee, die Regierung und der belgische König Albert I. geflüchtet. Noch verfügten die Belgier mit dem westlichen Hinterland von Ostende bis Dünkirchen über eine Landverbindung zu den Franzosen und Briten.[122]

In der Nacht vom 24. auf den 25. August 1914 warf die »Sachsen« erstmals ihre Bomben auf Antwerpen. Man traf unter anderem ein Krankenhaus und hinterließ Trümmer und Panik – sowie, nach belgischen Berichten, etwa zehn Tote und vierzig Verletzte, darunter Frauen und Kinder.[123]

Dieser – von Köln aus geflogene – strategische Bombenangriff mit nachweislich zivilen Opfern entfachte ein großes Presseecho. Selbst im fernen Melbourne erschien eine Schlagzeile über den »Zeppelin over Antwerp« mit der Behauptung, der Angriff habe 26 Tote und zahlreiche Verwundete gefordert und sein Ziel sei der Palast gewesen, in dem man die Königsfamilie vermutet habe, sowie das Hotel mit den ausländischen Delegationen.[124]

Die belgische Regierung protestierte in Den Haag. In der deutschen Presse hieß es dagegen, Bombenabwürfe aus Luftschiffen seien nach der Haager Konvention nicht explizit verboten, da Deutschland und Frankreich einen Antrag Belgiens seinerzeit nicht ratifiziert hätten. Dies war formal korrekt: Man hatte in Den Haag 1907 den strategischen Luftkrieg gegen die Zivilbevölkerung noch nicht voraussehen und sich lediglich darauf einigen können, eine Beschießung »unverteidigter« Orte zu verbieten, die nicht über militärische Einrichtungen, Depots, Fabriken oder Kriegsschiffe in Häfen verfügten.[125] Im Übrigen, so die deutsche Reaktion, habe man in Antwerpen nur »das Pulverlager« treffen wollen.[126] Stattdessen sei es gelungen, die Gasanstalt zu zerstören, was daran erkennbar gewesen sei, dass »plötzlich sämtliche Lichter in einer Hälfte der Stadt erlöschten«. Die »Sachsen« sei »völlig unversehrt« am 25. August um vier Uhr morgens über Lüttich wieder nach Köln zurückgelangt.[127] Bereits wenige Tage später übte man mit der »Sachsen« in der Wahner Heide weitere Bombenabwürfe.[128]

Nach der Bombardierung von Mława in Polen durch deutsche Zeppeline am 29. August mit 23 Toten setzten im Westen Luftschiffe von Köln und Düsseldorf aus ihre Angriffe auf Antwerpen fort. Am 3. September vermeldete die Nach-

Von Köln aus griff die »Sachsen« Antwerpen an: »Zeppelin über Antwerpen«, propagandistisches Gemälde von Themistokles von Eckenbrecher, Berlin, 1914, Bildpostkarte, publiziert als Werbeträger für den »Deutschen Luftflotten=Verein«

richtenagentur Reuter aus London den Abwurf von Bomben über Antwerpen aus einem »Zeppelin«, der zwar beschossen worden sei, aber zehn Häuser habe beschädigen können.[129] Auch über Paris wurden am selben Tag von einem deutschen Flugzeug Bomben abgeworfen – und Flugblätter, die zur Kapitulation aufforderten.[130]

Ein weiterer Angriff mit einem Flugzeug vom Typ »Rumpler Taube« auf Antwerpen folgte tagsüber. »Die Panik in Antwerpen war sehr groß«, erklärte eine britische Augenzeugin. Das Flugzeug habe nur wenig Schaden angerichtet, doch: »Es war die Furcht vor diesen Luftschiffen, die am schwersten zu ertragen war. Oh, es war schrecklich, wenn sie kamen« (»Oh, it was horrible when they came«). Furchtbar sei es gewesen, »in den Kellern« auszuharren »und die Gewehre aus den Forts zu hören, wie sie auf diese Dinger Schuss um Schuss abfeuerten«.[131] Ein Belgier berichtete: »In einem Haus wurde eine Frau gefunden, die buchstäblich pulverisiert war. Einer anderen, die sich aus dem Fenster gelehnt hatte, war der Kopf abgetrennt worden, sodass der Blutstrahl wie eine Fontäne hinunterspritzte.«[132]

Im September 1914 verloren die Deutschen die Schlacht an der Marne und zogen sich zurück. Es begann der »Wettlauf zum Meer« mit dem Kampf um die Schlüsselstellungen an der Küste. Nun sollte Antwerpen erobert werden. Die Briten eilten der Stadt zur Hilfe: mit zweitausend Marinesoldaten und Marinekampffliegern. Nach Antwerpen kam Anfang Oktober auch Winston Churchill.[133]

Nach Köln: Die Antwort der Briten

»To attack Zeppelins […] in their homes on the Rhine«
Churchills Angriffsplan gegen Düsseldorf und Köln

Für die Verteidigung des britischen Mutterlandes war anfangs das Heer zuständig. Zum Heer gehörten die Piloten des Royal Flying Corps (RFC). Doch seit dem 3. September 1914 war der Schutz Großbritanniens der Admiralität anvertraut. Dies war Churchills große Stunde. Er zögerte keinen Augenblick, seine Chance zu ergreifen. Als Erster Lord der Admiralität befehligte er nicht nur die mächtigste Flotte der Welt, sondern auch Marinetruppen, die er zur Verteidigung Antwerpens dort zusammenzog.

Churchills Pläne waren kühn: In Überschreitung seiner Kompetenzen wollte er Antwerpen nicht nur verteidigen, sondern das gesamte britische Expeditionskorps und somit die Front dorthin verlegen. Dies wurde abgelehnt wegen des hohen Risikos, den »Wettlauf zum Meer« zu verlieren und in Antwerpen eingekesselt zu werden.[134]

Noch war Antwerpen nicht verloren. Auch Churchills Marine verfügte über Fliegerstaffeln, zusammengefasst im Royal Navy Air Service (RNAS). Beim Aufbau dieser schlagfertigen Truppe von Marinefliegern mit erfahrenen Piloten, die sich schon in Friedenszeiten als Flugpioniere bewährt hatten, spielte Churchill eine Schlüsselrolle – wie auch bei den ersten Luftangriffen auf Düsseldorf und Köln.[135] Früher als andere Politiker und Militärs erkannte er, dass es beim damaligen Stand der Flugtechnik nur eine einzige erfolgversprechende

Möglichkeit gab, London vor der Gefahr deutscher Luftschiffe zu schützen, nämlich diese im Hinterland zu zerstören, am Boden in ihren Hangars in Köln und Düsseldorf: »London lag in Reichweite der Zeppelinhallen von Düsseldorf und Köln. Dieser Gefahr konnte nur mit den Marineflugzeugen begegnet werden.«[136]

Bereits vor Kriegsbeginn, im Mai 1914, hatte Churchill hierfür die Aufstellung eines Geschwaders mit zehn neuen Flugzeugen unter Wing Commander Charles Rumney Samson verlangt – vergeblich. Immerhin: Am 27. August erreichte Samson mit seiner Einheit aus verschiedenen, teils veralteten Flugzeugtypen (»Samson's Aeroplane Party«) Ostende, vorerst lediglich mit dem Befehl, Aufklärungsflüge in der Umgebung zu unternehmen.[137]

Es folgte ein Hin und Her um Zuständigkeiten und Abstimmungen mit den verbündeten Franzosen und Belgiern. Am 7. September forderte Churchill von Außenminister Edward Grey und Verteidigungsminister Lord Kitchener »so schnell wie möglich« die Aufstockung seiner auf dem Flugplatz Wilrijk südlich von Antwerpen stationierten Fliegerschwadron von »sechs Flugzeugen mit überragenden Piloten« auf mindestens fünfzehn, besser zwanzig Maschinen.[138] Die Zeit lief davon, deutsche Luftschiffe bombardierten wiederholt Antwerpen. Am 9. September begannen die deutschen Truppen mit dem Angriff auf die Stadt. Churchill wurde ungeduldig.[139]

Er beschwerte sich, dass noch nichts geschehen sei. Der erste Versuch eines Luftangriffs gegen die Luftschiffhallen am Rhein durch die Flugstaffel des Majors Eugene Gerrard scheiterte am 12. September schon vor dem Start aufgrund eines Sturms, der die dafür vorgesehenen Flugzeuge in Ostende schwer beschädigte.[140] Samson war hilflos, wollte aber den Plan nicht aufgeben. Er befahl Gerrard, nach Antwerpen zu fliegen, und gab ihm dafür sein eigenes Flugzeug mit. An Gerrards Seite flog der 26-jährige Pilot Charles Herbert Collet nach Antwerpen.[141]

Auch Leutnant Spenser Douglas Adair Grey, der Kommandeur der 2. Flugstaffel, und Leutnant Reginald Marix erreichten mit neuen Flugzeugen Antwerpen am 18. September. Bei der Landung wurde Greys Maschine schwer beschädigt, man musste Ersatz finden.[142] Am Tag zuvor war Gerrard in Antwerpen von König Albert empfangen worden. Die belgischen Offiziere waren sehr skeptisch, aber Gerrard erläuterte, man habe »eine gute Chance auf Erfolg«.[143] Dies sah auch Winston Churchill so: »Die Pflicht dieser Flugzeuge ist es, Zeppeline anzugreifen, die sich der Stadt nähern, oder, viel besser noch, in ihrer Heimat am Rhein« (»[...] to attack Zeppelins [...] in their homes on the Rhine«).[144]

Die legendäre Sopwith Sociable »Churchill« mit der Nummer 149, mit der Grey und Clare am 22. September 1914 nach Köln starteten

Leichter gesagt als getan. Zwar standen nun endlich vier Flugzeuge hierfür zur Verfügung. Aber kaum lösbar war das Problem ihrer Reichweite: Sie wären zwar von Antwerpen an den Rhein gelangt, nicht aber bis nach Antwerpen zurück. Der belgische Flugpionier und Rennfahrer Baron Pierre de Caters fand die Lösung mit einem improvisierten Landeplatz im von den Deutschen besetzten Hinterland in der Nähe der Maas. Von belgischen Automobilen und Soldaten geschützt, sollten hier die Flugzeuge auf dem Rückflug zwischentanken.[145]

Schwierigkeiten bereitete zudem das herbstliche Wetter – es hieß, klare Sicht abzuwarten, sollte die kühne Aktion Aussicht auf Erfolg haben. Ein weiterer, für den 19. September vorgesehener Angriff konnte daher nicht stattfinden.[146] Am Abend des 21. September klarte es endlich auf.

»The only thing to do was to turn back«
22. September 1914: Der erste Luftangriff auf Köln

So starteten am frühen Morgen des 22. September 1914 vier Doppeldecker des RNAS zum ersten britischen Luftangriff auf deutsches Hinterland – in Richtung Düsseldorf und Köln.[147]

Nach Düsseldorf brachen Staffelkommandeur Gerrard und Collet auf.[148] Nach Köln flog Marix.[149] Auch Staffelkommandeur Grey und Leutnant Edward Newton Clare als Beobachter starteten in Richtung Köln, gemeinsam in der Sopwith mit der Nummer 149.[150] Weil man in diesem Zweisitzer nicht hintereinander, sondern recht eng nebeneinander saß, wurde das Flugzeug »Sociable« oder »Tweenie« genannt – aber auch einfach »Churchill«: Denn dies war exakt jene legendäre Maschine, die der flugbegeisterte Churchill im Dezember 1913 bestellt hatte und in der er selbst mit Grey im Februar 1914 geflogen war, bevor sie im April in Eastchurch bei einer Bruchlandung schwer beschädigt wurde.[151] Nun war sie wieder flugtauglich.[152] Grey hatte sie nach Antwerpen geflogen für den Angriff auf deutsche Luftschiffhallen. So wurde der erste Luftangriff auf Köln ausgerechnet mit jenem Flugzeug geflogen, das mit gutem Grund den Namen »Churchill« trug.

Nach Überquerung der Rur verdeckte jedoch dichter Nebel jede Sicht. Marix beschrieb, wie er sein Flugzeug über Köln in Richtung Boden steuerte – und beinahe die Wipfel eines Baumes streifte. Der Nebel reichte bis fast zum Boden. Es war im wahrsten Sinne des Wortes aussichtslos, es blieb nur übrig zurückzufliegen: »The only thing to do was to turn back.«[153] Wie Marix kehrten auch Gerrard und Grey wegen des Nebels um. Irgendwo auf seinem Flug hatte Grey eine seiner Bomben verloren. Auch seine Mission über Köln war gescheitert.[154]

Einzig Collet hatte über Düsseldorf mehr Glück. Er warf seine drei Bomben über der Luftschiffhalle Düsseldorf auf der Golzheimer Heide ab. Nur eine explodierte, und zwar neben der Halle, verletzte einige deutsche Soldaten, zerstörte aber nur Fensterscheiben – und nicht das Luftschiff.[155]

Die britische Presse feierte das Unternehmen als gelungene Antwort auf die deutschen Luftangriffe gegen belgische und französische Städte.[156] Sollten erneut »Bomben auf Antwerpen oder irgend eine andere belgische Stadt geworfen werden«, so eine Pariser Zeitung, dann werde man dies von nun an vergelten können – und zwar innerhalb jeder denkbaren Entfernung.[157]

Die Meldung der Admiralität in London, »daß ein englisches Fliegergeschwader am Dienstag die Luftschiffhalle in Düsseldorf angegriffen habe, daß aber Nebel die Operation sehr beeinträchtigt habe«, wurde im Kölner *Stadt-Anzeiger* zitiert. Dennoch »seien drei Bomben herabgeworfen worden« und »alle Flugzeuge unversehrt zurückgekehrt«.[158]

Vom Angriff auf Köln war keine Rede. Erst später, anlässlich des zweiten Angriffs, hieß es in der Kölner Presse rückblickend, dass »ein englisches Fliegergeschwader [...] bereits vor einigen Tagen [...] über Köln und Düsseldorf gekreuzt und die dortigen Luftschiffhallen zu zerstören gesucht hat, ohne allerdings Erfolge erzielen zu können«.[159] Die *Rheinische Zeitung* erwähnte lapidar »Besuche«, die »feindliche Flieger [...] bis zu uns herüber gemacht« hätten.[160]

Dieses »Herübermachen« feindlicher Piloten bis an den Rhein hatten die Deutschen in den ersten Kriegswochen für unmöglich gehalten. Noch am 19. August hatte sich der Chef des Militärkabinetts im Großen Hauptquartier darüber mokiert, dass man auf dem Dach des Koblenzer Schlosses zum Schutz des Kaisers »Maschinen Gewehre zur Abwehr von Fliegern« angebracht habe: »Es kommen aber sicherlich keine hierher. Das ist fast ausgeschlossen.«[161]

Fast. Denn tatsächlich hatten die britischen Piloten – am 22. September 1914 gegen 13 Uhr allesamt sicher nach Antwerpen zurückgekehrt – bewiesen, dass etwas völlig Neues möglich war: Fliegerangriffe tief im Hinterland des Feindes.

Diese neue Dimension begriffen auch deutsche Militärs in Düsseldorf und Köln – nicht aber deren Heeresleitung, die den nachdrücklichen Forderungen nach Schutzmaßnahmen für die Luftschiffhallen nur schleppend nachkam mit dem Hinweis, alles werde für die Front benötigt. Lediglich die Düsseldorfer Luftschiffhalle erhielt zwei zusätzliche Maschinengewehre: »[...] der erste Überfall mißlang und diente uns zur Warnung. Wir besetzten die Hallendächer mit Maschinengewehren und richteten so viel Abwehrbatterien ein, als in jenen ersten Kriegsmonaten aufzutreiben waren.«[162]

»W.C. then retired to the w.c.«
Im letzten Augenblick: Churchill lässt sich überreden

Inzwischen bereitete die belgische Regierung ihre Flucht aus dem belagerten Antwerpen vor. Dennoch wollte Churchill, am 3. Oktober selbst in Antwerpen eingetroffen, von hier aus einen letzten Versuch starten, seine Flugzeuge nochmals nach Düsseldorf und Köln zu entsenden.[163] Ziel waren erneut ausschließlich die dortigen Luftschiffhallen. Von einer Bombardierung der Stadtbevölkerung war – anders als beim deutschen Luftschiffangriff auf Lüttich zwei Monate zuvor – nicht die Rede. Doch nun war es nicht mehr möglich, für den Rückflug Zwischenstopps zu organisieren. So musste man erst abwarten, bis die Flugzeuge mit Zusatztanks ausgerüstet waren.

Mitten im unter Beschuss liegenden Antwerpen befand sich Churchill noch in seinem Hauptquartier im Hôtel Saint-Antoine, nach seinen eigenen Worten »eines der besten Hotels in Europa«.[164] Nun waren zwar die Zusatztanks endlich eingebaut – doch die Deutschen standen bereits an den Stadtgrenzen und dicht vor dem Flugplatz. In Antwerpen herrschte Panik, eine Massenflucht setzte ein. Alles schien zu spät zu sein.

Winston Churchill als Erster Lord der Admiralität, Bildpostkarte, 1914

Der Pilot Marix berichtet anschaulich in seinen Memoiren, wie Grey im Hôtel Saint-Antoine am Vormittag des 6. Oktober auf Churchill einredete, dennoch einen weiteren Angriff auf Düsseldorf und Köln zu wagen. Grey habe den sich bedrängt fühlenden Chef der britischen Flotte, der entgegnet habe, dafür sei es nun zu spät, und der ebenfalls seine Flucht aus Antwerpen vorbereitete, bis auf die Hoteltoilette verfolgt: »Winston Churchill zog sich dann auf das WC zurück« (»W.C. then retired to the w.c.«).[165] Entnervt soll Churchill, um Grey endlich loszuwerden, durch die geschlossene Toilettentüre dem Luftangriff zugestimmt haben.[166]

Noch am Abend verließ der Erste Lord der Admiralität Antwerpen in Richtung London. Samson erhielt den Befehl, alle Flugzeuge und Automobile des RNAS am folgenden Tag aus Antwerpen abzuziehen – bis auf einige Mechaniker und Piloten wie Leutnant Sydney Vincent Sippe, der vergebens versuchte, sein Flugzeug startfähig zu machen. Zwei andere, einsatzfähige Maschinen für den Angriff auf Köln und Düsseldorf wurden mitten auf das Rollfeld gefahren, da in den Hangars die Gefahr ihrer Zerstörung durch die näher rückende deutsche Artillerie zu groß war.[167] Das Wetter war auch am Vormittag des 8. Oktober immer noch »neblig und unpassend«[168] für einen Flug. Dennoch: Die deutschen Truppen näherten sich dem Flugplatz. Es war die letzte Möglichkeit, einen Luftangriff zu wagen.[169]

Die ersten Bomben auf Köln

»The best point to attack«
8. Oktober 1914: Der zweite von Antwerpen aus geführte Angriff auf Köln

Grey zögerte keinen Augenblick und startete um 13.20 Uhr nach Köln. Marix folgte ihm zehn Minuten später Richtung Düsseldorf.[170] Beide flogen mit Maschinen vom Typ Sopwith Tabloid, der für den Landeinsatz geschaffenen Version eines Wasserflugzeugs der britischen Marine, ausgestattet mit Zusatztankfüllungen und Abwurfvorrichtungen für je zwei 20-Pfund-Bomben.[171]

Marix hatte Glück. Er stieg hinab und überflog die Düsseldorfer Altstadt Richtung Norden auf der Suche nach der Luftschiffhalle auf der Golzheimer Heide. Den Briten war nicht bekannt, dass der Z IX – einer der modernsten Zeppeline und Stolz der deutschen Streitkräfte – sich gar nicht mehr in dieser Halle befand, die Collet zwei Wochen zuvor angegriffen hatte, sondern in einer neuen Halle etwas weiter nördlich im Stadtteil Lohausen. Marix hat den Angriff in seinen Memoiren beschrieben.[172] Demnach fand er die Luftschiffhalle Golzheim »weiter entfernt von der Stadt als erwartet« – ohne zu wissen, dass er damit zufällig die neue Halle und somit das richtige Ziel entdeckt hatte.[173] Unter heftigem Beschuss – auch die beiden endlich gelieferten Maschinengewehre hatten die deutschen Verteidiger hierhin verlegt – griff er an: »Ich setzte zum Sturzflug an. [...] Ich löste meine beiden Bomben, eine nach der anderen.«[174] Die erste Bombe explodierte ohne weitere Folgen, die zweite durchschlug das Hallendach und verwandelte im Innern den mit Wasserstoff gefüllten Zeppelin in ein Flammenmeer, das Marix noch erblicken konnte. Im Einsatzbericht des Staffelkommandeurs Grey an die britische Admiralität hieß es: »Das Hallendach brach innerhalb von dreißig Sekunden zusammen, und Flammen von 150 Metern Höhe wurden beobachtet, ein Beleg dafür, dass ein gasgefüllter Zeppelin sich in der Halle befunden haben muss«.[175]

Der deutsche Luftschiffkapitän Lehmann notierte: »Das schöne neue Luftschiff ging in Flammen auf« und sei nur noch »ein einziger wüster Trümmerhaufen«. Glück im Unglück sei lediglich gewesen, dass die unter dem Luftschiff angebrachten Bomben nicht scharf waren und somit nicht explodierten.[176]

Was in der deutschen Presse nicht erwähnt wurde: Drei deutsche Soldaten starben, und zehn Verletzte waren zu beklagen. Auch ein Zivilist fand den Tod – wohl das erste zivile Opfer eines Flugzeugangriffs in Deutschland.[177]

Über Köln, von wo aus Lehmann nach Düsseldorf geeilt war, hatte Grey weniger Erfolg. Später gab er an, die Kölner Luftschiffhalle nicht gefunden zu haben wegen des »dichten Nebeldunstes«, der die Stadt eingehüllt habe.[178] So dicht scheint der Nebel jedoch nicht gewesen zu sein. Vom Boden aus jedenfalls wurde Greys Flugzeug von zahlreichen Kölnern beobachtet – erst danach entschwand es »infolge des dunstigen Wetters« ihren Blicken.[179]

Greys Unvermögen, die Luftschiffhalle zu finden, lag offenbar vor allem daran, dass die britischen Piloten über die Lage ihrer Ziele sehr schlecht informiert waren. Dies mag im Fall der gerade neu erbauten Düsseldorfer Halle verständlich sein – für Köln ist es verwunderlich, war doch die Luftschiffhalle in Bickendorf schon Jahre vor dem Krieg ein bekannter und anfangs sogar öffentlich zugänglicher Ort. Die mangelhafte Zielinformation für den britischen Angriff auf Köln ist noch erstaunlicher, wenn man bedenkt, dass deutsche Luftschiffe, die in Bickendorf starteten, schon 1909 vom britischen Kriegsrat in London ängstlich registriert worden waren.

Grey jedenfalls kreiste am 8. Oktober 1914 nach eigenen Angaben unter heftigem Abwehrfeuer zehn bis zwölf Minuten hilflos über Köln und suchte vergeblich die Luftschiffhalle, die sich nach seinen Informationen entweder im Süden oder (wie tatsächlich) im Nordwesten der Stadt befinden sollte.[180] In seinem Bericht vom 17. Oktober 1914, zu dem Grey nach dem Angriff persönlich nach London in die Admiralität einbestellt wurde,[181] kritisierte er offen die irreführenden Informationen über mögliche Standorte der Kölner Luftschiffhalle. Nun müsse er sogar hören, Luftschiffhallen befänden sich vielleicht sogar an ganz anderer Stelle, »auf der östlichen Seite des Rheins, aber ich weiß nicht, ob dies stimmt«.[182]

In seinem Gefechtsbericht schilderte Grey, wie er die Suche bei seinem Flug über Köln schließlich aufgegeben und stattdessen ein Ersatzziel (»the best point to attack«) gewählt habe: »Da ich die Hallen nicht lokalisieren konnte, beschloss ich, das beste Ziel für den Angriff würde der Hauptbahnhof in der Mitte der Stadt sein.«[183] Der Kölner Hauptbahnhof direkt neben dem Dom war als Ziel kaum zu verfehlen. Grey erklärte, dort »viele Züge« gesehen und seine beiden Bomben in dieses geschäftige Treiben hineingeworfen zu haben.[184]

Soweit seine Version, wie sie auch in die offizielle britische Beschreibung des Luftkriegs und von dort aus in die

Geschichtsschreibung eingegangen ist.[185] Hieran sind jedoch, zieht man die deutschen Quellen hinzu, erhebliche Zweifel angebracht.

Das deutsche Große Hauptquartier befand sich inzwischen in Charleville-Mézières – ausgerechnet auf dem dafür requirierten Areal der Produktionsstätten des Großindustriellen und Flugpioniers Clément-Bayard, der im Mai 1914 vor der Bickendorfer Luftschiffhalle verhaftet worden war.[186] Von dort aus wurde am Abend des 8. Oktober 1914 das Vorrücken auf Antwerpen gepriesen – und man ließ in diesem Zusammenhang lediglich knapp verlautbaren, dass die »Luftschiffhalle in Düsseldorf« von »einer durch einen feindlichen Flieger geworfenen Bombe getroffen« worden sei.[187]

Doch auch über den Angriff auf Köln wurden die Rheinländer noch am selben Abend informiert – zuerst durch ein Extrablatt der *Kölnischen Zeitung:* »Heute nachmittag nach 4 Uhr erschien ein feindliches Flugzeug über der Luftschiffhalle Bickendorf. Durch Maschinengewehrfeuer von dort verjagt, warf es über der Gasfabrik Ehrenfeld eine Bombe ab, flog weiter auf die Südbrücke und von da auf Fort Deckstein zu und verschwand gegen Westen. Schaden ist nirgendwo angerichtet worden.«[188]

Weitere, teils ausführliche und mit Augenzeugenberichten versehene Artikel in allen Kölner Zeitungen folgten.[189] Diese sind mit der lapidaren Verlautbarung des Großen Hauptquartiers kaum und mit Greys Londoner Bericht gar nicht in Einklang zu bringen – ein Widerspruch, der in der Forschung bislang nicht aufgelöst wurde.[190]

»Am hellen Nachmittag«
Ein feindliches Flugzeug über Ehrenfeld

Doch das Rätsel lässt sich lösen. Die Meldung des Kölner Extrablatts, noch verbreitet am Tag des Angriffs, erschien erneut am Abend des folgenden Tages in der Kölner Presse – wobei die Worte »feindliches Flugzeug«, »Maschinengewehrfeuer«, »Bombe« und »Schaden ist nirgendwo« eigens hervorgehoben wurden.[191]

Noch bestand Unklarheit: War es ein einziges feindliches Flugzeug, das erst in Düsseldorf und dann in Köln seine Bomben abgeworfen hatte, um schließlich »längs der Bahn nach Aachen« zurückzufliegen? So mutmaßte am Tag darauf der *Kölner Local=Anzeiger*.[192] Doch noch am selben 9. Oktober gelangte man an zusätzliche Informationen, nicht zuletzt durch Augenzeugenberichte »aus dem Leserkreise«.[193]

Am ausführlichsten berichtete der *Stadt-Anzeiger zur Kölnischen Zeitung* am Abend des 9. Oktober. Demnach fand der Angriff Greys am Tag zuvor, am Donnerstag, dem 8. Oktober 1914, um kurz nach 16 Uhr »am hellen Nachmittag« statt und wurde von mehreren Kölnern neugierig registriert.[194] In der Presse zitiert wurden Berichte aus Müngersdorf und Braunsfeld, weitere Beobachter in Köln und Großkönigsdorf beschrieben die Einschlagstellen beider Bomben. Den »laute[n] Knall«, den Greys Bombenabwurf über Ehrenfeld verursachte, habe »man auch in Köln vernommen« – womit die Innenstadt gemeint war.[195]

Ein Augenzeuge erkannte von Braunsfeld aus (»auf der Aachener Straße zwischen dem Dreifaltigkeitskloster und der Kitschburger Straße«) sogar die Silhouette des Flugzeugs:

»Durch ein inzwischen herbeigeholtes Fernglas konnte ich feststellen, daß es ein Doppeldecker war, der kurz gebaut in Form eines Rechteckes erschien.«[196] Dies passt zur kastenförmigen Bauart der Sopwith Tabloid, die Grey flog.

Es passte jedenfalls nicht zur markanten, vogelähnlichen Silhouette der deutschen Albatros-Flugzeuge, der sogenannten »Tauben« – jener den Kölnern bekannten Eindecker, die seit 1913 auf dem Butzweilerhof stationiert waren.[197] So wurden unter den Beobachtern »Stimmen laut, die an einem Taubenflug zweifelten«.

Die Herkunft der Maschine konnte zunächst nicht identifiziert werden, die Rede in der Presse war vom Angriff »des englischen oder französischen Fliegers«.[198] Dennoch spricht vieles dafür, dass Greys Sopwith britische Hoheitszeichen trug, denn Samson hatte zu Kriegsbeginn angeordnet, jedes Flugzeug des RNAS mit einem »Union Jack« zu kennzeichnen – schon um eine Beschießung durch eigene Bodentruppen zu vermeiden.[199] Mit diesem Problem des »friendly fire« waren auch die Deutschen konfrontiert: Bereits am 8. August 1914 ordnete das Oberkommando der Armee an, nur noch auf Flugzeuge zu schießen, »die mit absoluter Sicherheit als Feind erkannt sind«, und erläuterte, anhand welcher Hoheitszeichen man diese identifizieren könne.[200]

Der Augenzeuge auf der Aachener Straße sah, wie der »feindliche Flieger« in »schneller Fahrt über Ehrenfeld vorbeistrich«. Dann warf Grey seine erste Bombe ab: »Da, als sie in der Nähe der Gasanstalt war, fiel ein schwarzer Punkt heraus, der in ganz schwachem Bogen zur Erde ging.« Es folgte der erwähnte »laute Knall«[201] beziehungsweise »Kanonendonner«.[202]

Die städtische Gasanstalt befand sich zwischen Müngersdorf und Ehrenfeld südlich der Bahnlinie Köln–Aachen, nahe dem Gleisabschnitt stadtauswärts, hinter dem Ehrenfelder Bahnhof. Ein Netz von Eisenbahngleisen zweigte von der Hauptstrecke ab und sicherte mit diesem Direktanschluss über eine Rampe und ein Viadukt die Belieferung des Gaswerks mit Kohle. Die erst wenige Jahre zuvor modernisierte und erweiterte Gasanstalt galt in Deutschland als vorbildlich. Sie erstreckte sich auf einem großen Areal: nördlich begrenzt von der Bahnlinie, südlich von der Widdersdorfer Straße, westlich vom Maarweg und östlich von der Oskar-Jäger-Straße, der Lichtstraße und der Vogelsanger Straße, die hier die Bahnlinie Köln–Aachen kreuzt. Die hohen Rundtürme der Gasometer waren weithin sichtbar.[203] Doch der Bombenabwurf blieb folgenlos: »Unversehrt standen die riesigen Behälter, und auch sonst konnte man nichts besonderes wahrnehmen, die Entfernung von der Aachener Straße bis zur Gasanstalt ist ziemlich klein.«[204]

Ein anderer Augenzeuge erklärte, dass »die Bombe auf der Vogelsanger Straße direkt am Zaune des Eisenbahngleises niederfiel und außer einem in die Erde gerissenen Loch keinen Schaden anrichtete. Von Sprengstücken der Bombe wurden einige Fabrikfenster der Metallzieherei, A.=G., Lichtstraße 30, die in unmittelbarer Nähe liegt, zerstört«.[205] Dies steht im Einklang mit weiteren Berichten, wonach die Bombe »dicht neben dem Zug unter heftigem Kanonendonner« einschlug und »ein etwa 1 Meter breites und tiefes Loch in den Erdboden riß«.[206] Sie sei, so ein anderer Beobachter, »etwa 200 m vom Eingang und etwa 500 m vom Kessel der Gasanstalt entfernt« und »etwa 1 ½ m neben das Geleis der Bahnlinie

Ehrenfeld-Lövenich« aufgeschlagen, »in der Gegend zwischen dem früheren Ehrenfelder Walzwerk und dem Röhrenwerk«.[207]

Nach dem Bombenabwurf drehte Grey nach übereinstimmenden Beobachtungen zunächst ab. Ein Augenzeuge gab zu Protokoll: »Das Flugzeug war verhältnismäßig tief heruntergegangen und entfernte sich in der Richtung nach Köln=Süd.« Ein anderer bemerkte: »Das Flugzeug flog darauf schräg in der Richtung nach Südost.«[208] Greys Flug in Richtung Deckstein im Süden Kölns wurde in der Presse mehrfach erwähnt.[209] Möglicherweise wurde der Pilot von hier durch das Abwehrfeuer des dortigen Forts vertrieben.

Dies stimmt überein mit Greys Bericht, der ja erklärte, die Luftschiffhalle vergeblich auch im Süden der Stadt gesucht zu haben.[210] Man beobachtete, wie das Flugzeug danach »eine scharfe Wendung« machte und erneut für »drei oder vier Minuten über Braunsfeld« erschien.[211] So kehrte Grey unverrichteter Dinge auf seine ursprüngliche Flugroute zurück und habe sich dann »in ziemlicher Höhe in der Richtung auf Düren« entfernt.[212]

»An der Gärtnerei Zumpe auf einem Kleeacker«
Der Abwurf der zweiten Bombe über Großkönigsdorf

Den nun folgenden Abwurf von Greys zweiter Bombe beobachtete ein weiterer Augenzeuge im Westen Kölns »kurz nach 4 Uhr« nachmittags »in der Nähe des Bahnhofs« von Großkönigsdorf.[213] Ein anderer notierte: »Der Zweidecker flog in zirka 2000 Meter Höhe [...]. Er hatte, von Köln kommend, kurz vor Königsdorf die Eisenbahn überflogen und dann in der Nähe

Die Gasfabrik Ehrenfeld mit den dazugehörenden Bahnanlagen, Foto, um 1920

der Eisenbahnbrücke die Bombe abgeworfen.«[214] Diese Bombe habe sich »in Großkönigsdorf an der Gärtnerei Zumpe« in einen »Kleeacker« gebohrt.[215] In diesem »weichen Boden« sei die Bombe »infolgedessen« nicht explodiert.[216]

Großkönigsdorf bildet heute zusammen mit Kleinkönigsdorf und Neufreimersdorf den nördlichsten Stadtteil von Frechen. Mit der »Gärtnerei Zumpe« war die 1895 gegründete Baumschule im Ortsteil Neufreimersdorf am östlichen Ende von Königsdorf gemeint, an die hier heute der Name »Fritz-Zumpe-Straße« erinnert.[217] Dieses Areal liegt unmittelbar nördlich der von den Augenzeugen erwähnten Eisenbahnlinie Köln–Aachen.

Auf dem benachbarten Feld war man gerade mit der Kartoffelernte beschäftigt. Plötzlich wurde man aufgeschreckt durch »ein zischendes Geräusch« und sah etwas aufschlagen. Die *Kölnische Zeitung* druckte den Bericht von der waghalsigen Bergung des Geschosses: Demnach holte eine Frau die Bombe, »welche zirka 20 Zentimeter in den Boden eingedrungen war, mit dem Kartoffelkarst heraus«. Telegrafisch – nach anderem Bericht »telephonisch« – verständigte man »Fliegerhandwerker«.[218] Etwa zwanzig Minuten später trafen ein Offizier und mehrere Soldaten ein.[219] Der »Feuerwerksoffizier« und seine Leute sprengten die Bombe »unter lautem Knall«.[220] Diese »Entladung« war sehr stark: »In einem Hause, welches ungefähr 100 Meter von der Explosionsstelle entfernt liegt, war ein Granatsplitter durch eine Fensterscheibe gedrungen, hatte die Zimmertür durchschlagen und war in der gegenüberliegenden Wand stecken geblieben.«[221] Der Bombensplitter habe, wie ein anderer beobachtete, die »Größe eines 10=Pfg.=Stückes« gehabt.[222]

Als man in Köln die Bombe sprengte, war Grey längst auf dem Rückflug nach Antwerpen. Unmittelbar nach dem Abwurf seiner zweiten Bombe über Großkönigsdorf war sein Flugzeug, so die Kölner Augenzeugen, »eiligst in der Richtung auf Aachen« beziehungsweise »Düren« verschwunden.[223]

»Trains drawing up«
Der erste Abwurf von Bomben über Köln

Somit ergibt sich folgendes Bild von den ersten Bombenabwürfen auf Köln: Greys erklärtes Angriffsziel war die Kölner Luftschiffhalle – in seinen eigenen Worten: »die Luftschiffhallen in Köln«, denn er war weder über deren Anzahl noch deren Lage informiert.[224] So versuchte er zunächst, diese »Hallen« über Bickendorf auszumachen. Er teilte mit, bei seiner Suche

»heftiges Abwehrfeuer« auf sich gezogen zu haben.[225] Auch in der Kölner Presse hieß es: »Das Flugzeug erschien zuerst über der Luftschiffhalle. Als es aus den Wolken hervorkam, wurde es von einem Maschinengewehr beschossen und verjagt.«[226]

Dann drehte Grey ab in Richtung Ehrenfeld und beschloss – nicht erst, wie er später zu Protokoll gab, nach zehn bis zwölf Minuten erfolgloser Suche nach der Luftschiffhalle, sondern bereits jetzt –, seine erste Bombe auf ein anderes Ziel zu werfen.

Dieses Ziel waren die zahlreichen mit der Gasanstalt verbundenen Gleisanlagen, die er unter sich sah und die seine Bombe nur knapp verfehlte. Auf den Gleisen hielten zu diesem Zeitpunkt Züge. Ein Beobachter erklärte: »Anscheinend hatte man es nicht auf die Gasanstalt, sondern auf einen Personen- und einen Güterzug abgesehen, die in der Nähe der Abfahrtstelle standen, weil sie keine Einfahrt hatten.«[227] Aus einem dieser Züge berichtete ein weiterer Augenzeuge, er habe den Zug bestiegen, der um 16.08 Uhr aus Grevenbroich am Kölner Hauptbahnhof eingetroffen und weiter Richtung Ehrenfeld gefahren war: »In der Nähe der Gasfabrik hörten wir plötzlich Gewehrfeuer. Eine Minute später schlug dicht neben dem Zug unter heftigem Kanonendonner eine Bombe ein.«[228]

Die von Grey erwähnten »Züge« (»trains drawing up«)[229] standen somit auf den Ehrenfelder Gleisanlagen – und keineswegs auf denen des Hauptbahnhofs. Die Luftschiffhalle hatte Grey über Bickendorf nicht erkannt. Das erklärt, warum er in Richtung Süden abdrehte, wo er sie ja nach eigener Aussage ebenfalls vermutete. Dort konnte er sie nicht finden. Ein deutscher Bericht erwähnt die »Südbrücke« und dann »Fort Deckstein«, von wo aus man ebenfalls auf Grey geschossen habe.[230] Von dort kehrte der Pilot in Richtung Ehrenfeld zurück, folgte seinem Kurs zurück nach Westen, überquerte die Bahnlinie bei Großkönigsdorf und warf dort in der Nähe der Eisenbahnbrücke seine zweite Bombe ab, die im erwähnten Feld landete.

Wir wissen, dass Grey – wie auch Marix – nur zwei Bomben an Bord hatte.[231] Ein Bombenabwurf über dem Hauptbahnhof, wie von ihm behauptet, kann somit nicht stattgefunden haben. Er wäre auch, bei einer derart exponierten Lage neben dem Dom, den dort passierenden Zügen und den vielen vor Ort anwesenden Soldaten und Zivilisten nicht unbeobachtet geblieben und auch nicht unkommentiert – weder in der Kölner Presse noch national oder international.

Berichte, wenngleich verharmlosender Natur, über den Angriff auf die Düsseldorfer Luftschiffhalle ließ die deutsche Zensur zu. Erwähnt werden musste er. Eine derart aufsehenerregende Nachricht von einem Bombenabwurf auf den Kölner Hauptbahnhof jedoch hätte erst recht nicht verheimlicht werden können – selbst wenn man dies gewollt hätte. 1918 berichtete die *Kölnische Zeitung* sogar über eine so unbedeutende Folge eines Bombenabwurfs wie den Brand eines Holzstapels in der Innenstadt.[232]

»Returned just in time«
Die abenteuerliche Rückkehr der Piloten

Grey schaffte es mit seinen Tankfüllungen am 8. Oktober 1914 von Köln aus bis zurück zum Flugplatz Wilrijk, wo er nach eigenen Angaben um 16.45 Uhr wieder eintraf.[233] In Antwerpen galt noch nicht »die deutsche Zeit«,[234] Greys Flug über Köln kurz nach 16 Uhr fand nach belgischer und französischer Zeit folglich kurz nach 15 Uhr statt. Die Luftlinien-Entfernung zwischen Köln und Wilrijk beträgt 180 Kilometer, die Höchstgeschwindigkeit seiner Sopwith betrug 148 Stundenkilometer, das heißt, er hätte selbst bei der unwahrscheinlichen Annahme eines Flugs mit durchgängig vollem Tempo und erhöhtem Verbrauch von Treibstoff, der ohnehin nur knapp reichte, für den Rückflug mindestens 1 Stunde und 10 Minuten benötigt. Nach seiner Angabe waren es etwa 1 Stunde und höchstens 45 Minuten. Dies scheint glaubwürdig – jedoch nur dann, wenn Grey den direkten Weg über neutrales niederländisches Staatsgebiet nahm. Vielleicht ist dies der Grund, warum das offizielle Memorandum der britischen Admiralität verlauten ließ, Grey sei erst nach 17 Uhr in Wilrijk eingetroffen.[235]

Wann immer er genau auf dem Flugplatz erschien: Von Marix fehlte dort jede Spur. Noch wusste niemand von dessen erfolgreicher Mission in Düsseldorf. Selbst wenn Marix sich in seinen Erinnerungen von seinem erzählerischen Talent treiben ließ:[236] Seine Rückkehr war in jedem Fall weit abenteuerlicher als die Greys. Er habe seine angeschossene Maschine mit dem letzten Tropfen Benzin auf einem Feld etwa 20 Meilen (gut 32 Kilometer) vor Antwerpen gelandet und sie belgischen Gendarmen anvertraut, um sich dann mit einem Fahrrad bis in die belagerte Stadt durchzukämpfen und von dort aus gemeinsam mit belgischen Soldaten den Flugplatz zu erreichen. Fast hätte Leutnant Sippe, der hier mit seinem nicht startfähigen Flugzeug verblieben war, auf sie geschossen, weil er das Flämisch der belgischen Soldaten für Deutsch hielt. Für 18 Uhr war die Evakuierung Antwerpens angeordnet. »Es scheint, dass ich gerade noch rechtzeitig zurückgekommen war«, erklärte Marix, denn eine halbe Stunde später zerstörten deutsche Truppen den Flugplatz und die dort zurückgelassenen Maschinen – darunter auch die legendäre »Churchill«, mit der Grey am 22. September seinen ersten Angriff auf Köln geflogen hatte. Grey, Sippe und ihre Kameraden entkamen in einem Lastwagen nach Ostende.[237]

Den Orden für hervorragende Dienste, den Distinguished Service Order (DSO) – immerhin die zweithöchste Auszeichnung, die das Empire zu vergeben hatte –, erhielten Collet für seinen Angriff auf die Düsseldorfer Luftschiffhalle am 22. September sowie Marix und Grey für ihren Einsatz über Düsseldorf und Köln am 8. Oktober.[238]

»Englischer Flieger von Deutschen niedergeholt«, Motiv einer Feldpostkarte, 1914, Verlag Hugo Zipper, Weilburg, Lahn (Ausschnitt)

»Progress in the War«
Presse und Propaganda

Die britische Presse pries Marix' und Greys modernes Husarenstück. Unter dem Titel »Flugzeug-Angriff nach Deutschland hinein« veröffentlichte die Admiralität am 10. Oktober 1914 die korrekte Mitteilung, dass alle Piloten des Angriffs vom 8. Oktober wohlauf zurückgekehrt seien, »aber sie haben ihre Flugzeuge verloren«.[239] Unzutreffend war die Angabe, nicht nur Grey und Marix, sondern auch Sippe sei geflogen. Voller Stolz erklärte man, dieser Angriff sei »in jeder Hinsicht bemerkenswert, auch in Anbetracht der Entfernung – über hundert Meilen – die man in das vom Feind beherrschte Land eingedrungen war«.[240] Obwohl die Deutschen durch den Angriff am 22. September vorgewarnt gewesen seien, sei die Mission gelungen. Der zutreffenden Nachricht von der Zerstörung des Luftschiffs wurde die verharmlosende Mitteilung des deutschen Großen Hauptquartiers gegenübergestellt, die dies nicht erwähnte.[241]

Auch die französische Presse erklärte, dass mit dem »bemerkenswerten« Flug »weit über feindliches Terrain«[242] erstmals gelungen sei, was alle Seiten für unmöglich hielten: mit Flugzeugen weit ins Hinterland des Feindes einzudringen, das Angriffsziel zu treffen und wieder zurückzukehren.

Unter der Schlagzeile »Fortschritt im Krieg« (»Progress in the War«) berichtete die Londoner *Evening Post* im November über die »britischen Luftangriffe« und die Attacken gegen »Luftschiffhallen«: den ersten Angriff vom 22. September, den vom 8. Oktober und den auf die Zeppelinanlagen in Friedrichshafen vom 21. November 1914.[243] Man hob hervor, dass die Piloten tief »in das Land des Feindes« eingedrungen seien.[244] Diese Botschaft war für britische Leser besonders wichtig. Seit der Einnahme Antwerpens durch die Deutschen wuchs auch in London die Angst vor Zeppelinangriffen. Die britische Presse versuchte, diese Ängste zu zerstreuen, denn für den Einsatz von Zeppelinen seien Luftschiffhallen notwendig – die Luftangriffe britischer Piloten jedoch hätten nun bewiesen, wie verwundbar diese Hallen seien: »Fest steht, dass unsere Marineflieger-Division darauf vorbereitet ist, den Taten der Leutnante Collet und Spenser Grey und ihrer Kameraden nachzueifern.«[245]

Reaktionen auch in Deutschland blieben nicht aus. Die Presse in Euskirchen, von wo aus man zuvor hoch am Himmel noch die Anfahrt der Zeppeline über die Voreifel nach Belgien beobachtet hatte, sprach von den »Nachrichten über den ersten ernstlichen Flugzeugangriffen in der Rheinprovinz«, die den Jubel über den Sieg der Deutschen in Antwerpen »wie ein Reif in der Frühlingsnacht« getrübt hätten: »In Düsseldorf wurde die Hülle eines in der Halle ankernden Luftschiffes zerstört.«[246]

Diese Information folgte der in der deutschen Presse verbreiteten Verlautbarung des Großen Hauptquartiers vom Abend des 8. Oktober. Hier hieß es knapp: »Die Luftschiffhalle in Düsseldorf wurde von einer durch einen feindlichen Flieger geworfenen Bombe getroffen. Das Dach der Halle wurde durchschlagen und die Hülle eines in der Halle liegenden Luftschiffes zerstört.« Dabei wurde unterschlagen, dass nicht nur die Hülle des Luftschiffs, sondern der gesamte Zeppelin zerstört wurde.[247] Auch die Kölner Presse verharmloste diese fatale Folge des Angriffs auf Düsseldorf: »Die Beschädigungen an der Halle sind unbedeutend, die Beschädigungen des Luftschiffes selbst ebenfalls nicht erheblich.«[248] Vollmundig erklärte die offiziöse *Norddeutsche Allgemeine Zeitung*, die im Besitz der Stadt Düsseldorf befindliche, 1910 errichtete Halle sei »einer der modernsten Luftschiffschuppen« und gegen solche Angriffe, die man natürlich erwartet habe, ausreichend gesichert – was nun unter Beweis stehe. Das Herannahen des »Doppeldeckers« aus »der Richtung Erkelenz-Neuß« habe man in Düsseldorf frühzeitig registriert.[249] Vor allem aber: »Das zurzeit beschädigte Luftschiff, das schon glänzende Erfolge im Kriege aufzuweisen hatte, dürfte in kürzester Zeit wieder gefechtsbereit sein.«[250] So versuchte die offizielle deutsche Berichterstattung zu verheimlichen, dass Marix mit seinen Bomben das Luftschiff total zerstört hatte.

Überhaupt nicht erwähnt in den offiziellen deutschen Kriegs-Depeschen wurde dagegen der Angriff auf Köln – wenn er sich auch nicht verschweigen ließ; sogar in der Provinzstadt Euskirchen notierte man: »Die Luftschiffhallen in Köln-Bickendorf und Düsseldorf waren das Ziel der Angriffe.«[251]

Hinter den Kulissen suchte man derweil in Deutschland nach Schuldigen – denn es war unerklärlich, wie die Zerstörung des Zeppelins in Düsseldorf gelingen konnte, zumal die Z IX ja gerade erst in die neue Luftschiffhalle verbracht worden war. In Berlin herrschte »große Bestürzung« und Fassungslosigkeit.[252]

Die deutschen Behörden witterten Verrat. »Deshalb nahmen die Deutschen die englischen Angestellten der US-Botschaft fest.«[253] Man hielt sie für Spione, die dieses Geheimnis an Großbritannien verraten hätten, konnte ihnen aber nichts nachweisen. Niemand mochte glauben, dass Marix' Erfolg tatsächlich lediglich auf Glück und Zufall beruht hatte. Der Zeppelin war zwar verloren, die Luftschiffhalle jedoch nach zehn Tagen schon wieder repariert für die Aufnahme eines neuen Zeppelins, des Z X.[254]

»Von einem feindlichen Flugzeug in Cöln-E'feld«
Die beiden Bomben

Der Kölner, der am 8. Oktober 1914 von der Aachener Straße aus den Abwurf der Bombe aus Greys Flugzeug beobachtete, teilte der Presse mit: »Die Zündschnur soll man aufgefunden haben.«[255] Dies war zutreffend – auch wenn es sich bei der Technik des Sprengkörpers nicht um eine »Zündschnur«, sondern um einen Zünder handelte. Dieser gelangte mit weiteren Fragmenten der Bombe wenig später in den Besitz des geschäftstüchtigen Kölner Händlers Alfred Werther in der Apostelnstraße 9. Werther verkaufte den Kölner Museen bereits seit einigen Jahren Antiken und Bodenfunde, stritt allerdings auch juristisch mit der Stadt Köln um die Rechtmäßigkeit mancher seiner Erwerbungen.[256]

Exakt sieben Monate nach dem Luftangriff, am 8. Mai 1915, erwarb das Historische Museum der Stadt Köln von Werther den Zünder der von Grey abgeworfenen Bombe für 100 Mark sowie einen Teil der Bombenwand und kleinere Sprengstücke zu je 15 Mark.[257] Im Inventarbuch wurde dies eingetragen als »Zünder der von einem feindlichen Flugzeug in Cöln-E'feld am .. ten.. 191... abgeworfenen Bombe«.[258] Unscheinbare Metallfragmente für relativ viel Geld: Offenbar war sich der damalige Museumsdirektor Dr. Joseph Hansen,

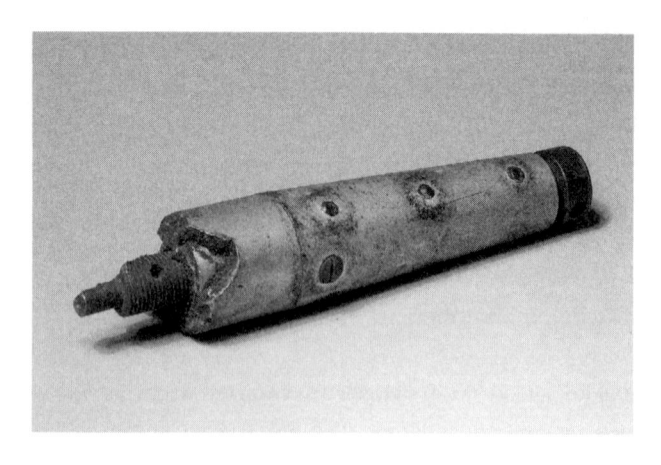

Der Zünder der ersten über Köln abgeworfenen Fliegerbombe, Kölnisches Stadtmuseum, Inv.-Nr. HM 1915/84

der auch das Stadtarchiv leitete, der historischen Bedeutung dieses äußerst modernen Bodenfundes bewusst – erwarb er damit doch Teile der ersten auf Köln abgeworfenen Fliegerbombe. Ob es sich vielleicht auch um Fragmente jener Bombe handeln könnte, die Grey bei seinem ersten Flug von Antwerpen nach Köln am 22. September 1914 »irgendwo auf der Strecke«[259] verloren hatte, braucht man kaum zu mutmaßen. Die heute noch im Kölnischen Stadtmuseum erhaltenen Bombenfragmente stammen von seinem Angriff am 8. Oktober 1914.[260] Dafür spricht die Lokalisierung in »Cöln-E[hren]feld« – aber auch, dass danach erst am 7. Juli 1917 wieder »feindliche Flieger« über Köln erschienen.[261]

Da Greys zweite, über Großkönigsdorf abgeworfene Bombe von der beherzt zupackenden Bäuerin unversehrt geborgen worden war, war sie identifizierbar: »Die Bombe hatte eine

Größe von 65 Zentimeter, war mit drei Propellern versehen und wog nach Ansicht eines Offiziers mindestens 12 ½ Kilogramm.«[262] Durch den Bombenfund verdichtete sich in Köln der Verdacht, es mit einem britischen Angriff zu tun gehabt zu haben: »Das Geschoß scheint englischen Ursprungs zu sein, da es sich um Hauses Patent handelt.«[263]

Gemeint war wohl die Aufschrift »Hales Patents«, die sich auf den von Grey und Marix am 8. Oktober 1914 abgeworfenen Bomben befand. Die nachweislich von ihnen mitgeführten »20 lbs Hales Aircraft Bombs« wurden von der Powder Company in Faversham in Kent produziert und bis 1915 vorwiegend von den britischen Marinefliegern, dann auch vom Royal Flying Corps genutzt. Die Beschreibungen der Kölner Augenzeugen passen – bis auf das geschätzte Gewicht – hierzu: Die Hales-Bomben waren mit Propellern versehen, hatten eine Länge von 57,8 Zentimetern und wogen exakt 18,5 Pfund.[264]

Die britische Herkunft der über Köln abgeworfenen Bomben wurde jedoch in den deutschen Kriegs-Depeschen nicht erwähnt. Es war weiterhin nur von einem »feindlichen Flieger« die Rede.[265] In der Presse wurde spekuliert: Um einen Luftangriff der Franzosen handele es sich eher nicht, da diese »auf jeden Fall die deutsche Schlachtfront in Frankreich und an der belgischen Grenze hätten überfliegen müssen« – mit der Gefahr, abgeschossen oder beobachtet zu werden. Viel wahrscheinlicher sei ein Luftangriff der Briten »von Calais oder Ostende« aus.[266]

»Eine kühne Tat«
Anerkennung und Ruf nach Vergeltung

In der Kölner Presse wurden die offiziellen Verlautbarungen mit einem aufschlussreichen längeren Kommentar versehen. Angesichts des »englischen oder französischen Fliegers« erklärten Kölner Presseartikel am 9. Oktober 1914, man wünsche sich geradezu, dass der Luftangriff auf das Konto der Briten gehe: »Wir hoffen, es möchte ein englischer Flieger gewesen sein.«[267]

Die Feindschaft, ja der erbitterte Hass besonders auf den britischen Gegner war bei Kriegsbeginn in Deutschland mit Ernst Lissauers »Hassgesang gegen England« in aller Munde: »Drosselnder Haß von siebzig Millionen / Sie lieben vereint, sie hassen vereint / Sie haben alle nur einen Feind: / England.«[268]

Wenn es nämlich ein britischer Pilot gewesen sei, der seine Bomben über Köln abgeworfen habe, dann könne er, so hieß es hämisch, zu Hause berichten, wie »Handel und Wandel« in Köln ungerührt ihren normalen Gang gingen und wie die »Soldaten und stämmige[n] Gestalten«, die er hier vom Flugzeug aus habe beobachten können, »danach brennen, an den Feind zu kommen«.[269]

Greys Bombenangriff über Köln wurde als »Besuch« heruntergespielt und gleichzeitig als »Bravourstück« gewürdigt, als »eine kühne Tat, vor der man Achtung haben muß« – ganz in der Tradition und Rhetorik heldenhaften und draufgängerischen Kräftemessens, wie ein Husarenstück aus der Zeit der Kabinettskriege.[270] Dieses »Lob« wurde in der britischen und französischen Presse zitiert.[271] Es fügt sich ein in die damals verbreitete Sichtweise vom Luftkrieg als Kampf einzelner ritterlicher Helden und unerschrockener Pioniere – ein noch lange fortwirkender Mythos.[272]

Zugleich aber erfolgten im ähnlich schneidigen Tonfall Ankündigungen, dieser Angriff auf Köln werde »nicht in Vergessenheit geraten«.[273] »Jedenfalls werden wohl die deutschen Kollegen bald solche Besuche erwidern«, tönte die *Rheinische Zeitung*,[274] während der *Stadt-Anzeiger zur Kölnischen Zeitung* am selben Tag voraussagte: »[…] unsere Flieger werden schon dafür sorgen, daß die Visite, und wenn's drüben über dem Wasser wäre, recht wirksam erwidert werden wird.«[275]

Eine solche Drohung mit Vergeltung mag aus der Perspektive der vom Luftangriff Betroffenen in Köln nachvollziehbar sein. Doch sie verkehrte Ursache und Wirkung. Dies wusste man auch in Köln nur zu gut. Einige Tage nach dem Angriff mutmaßte man in der Kölner Presse, der »unbekannte Flieger« könne aus Antwerpen gestartet sein und zum dortigen »englischen Expeditionskorps« gehören. »Gerade diese Stadt hat die Wirkungen unserer Zeppeline ja bis jetzt am heftigsten verspürt«, daher könne man es »wohl verstehen, wenn die in der bombardierten Stadt liegenden Engländer und Belgier den Wunsch gehabt hätten, einen der Nacht für Nacht Tod und Verderben speienden Luftriesen unschädlich zu machen«.[276]

Heute wissen wir, wie zutreffend diese Annahme war. Es ist bemerkenswert, wie man in Köln scheinbar unschuldig und völlig offen über Ursache und Folgen des Luftkriegs spekulierte – in Kenntnis darüber, dass es die deutsche Seite war, die 1914 von Köln aus mit Zeppelinen die ersten Luftangriffe geführt hatte. Und dies, wie im Fall des Angriffs auf Lüttich und Antwerpen nachweisbar ist, auch gegen die Zivilbevölkerung.

»Über das neutrale Holland«
Die Verletzung des Luftraums

Von den improvisierten Zwischenlandungen auf den Rückflügen des ersten Einsatzes gegen Köln und Düsseldorf hatte man in Deutschland nichts erfahren. Entgegen späteren anderslautenden Beteuerungen hatte man mit einem Angriff auf die Luftschiffhallen am Rhein ernsthaft nicht gerechnet: »Die Überraschung war vollkommen.«[277] Einen solchen Luftangriff hielten die Deutschen wegen der mangelhaften Reichweite der Flugzeuge für ausgeschlossen, »denn kein Flugzeug war zu jener Zeit imstande, ohne Zwischenlandung von der englischen Front nach Düsseldorf und zurück zu fliegen, es sei denn über das neutrale Holland«.[278]

Tatsächlich nahmen trotz offiziellen Verbots – die belgische Regierung wollte Komplikationen mit den neutralen Niederlanden vermeiden – die britischen Piloten bei beiden Angriffen auf Köln zumindest auf den Rückflügen die direkte Route und überflogen bei Maastricht niederländisches Territorium: »Und diesen Weg hatte, wie sich herausstellte, der englische Pilot denn auch gewählt.«[279]

Die Deutschen hatten mit ihren Luftschiffen solche Probleme nicht. Sie verfügten, zumal seit der Eroberung der belgischen Küste, über wesentlich günstigere Ausgangspositionen für direkte Angriffsfahrten gegen britische und französische Städte. Und sie konnten aufgrund der großen Reichweite der Luftschiffe weite Umwege fahren, um ohne Verletzung neutralen Luftraums ihre Ziele zu erreichen.[280] Den Briten dagegen blieb beim Stand der Flugtechnik zu Anfang des Ersten Weltkriegs, wollten sie Städte im Rheinland erreichen, um gegen deutsche Luftschiffe vorzugehen, keine andere Wahl, als neutrales Territorium zu überfliegen.[281]

Dieser Konflikt wiederholte sich, als britische Flugzeuge von Belfort aus am 21. November 1914 zum Angriff auf die Zeppelinanlagen in Friedrichshafen die Schweiz überflogen. Stolz erklärte die Londoner Presse, trotz schlechten Wetters sei ein Flug von über 250 Meilen »über gebirgige Landschaft« gelungen – ohne zu erwähnen, dass die überflogene Berglandschaft Schweizer Gebiet war.[282] Die Verletzung der »Neutralität der Schweiz« durch »Flugzeuge der Entente« war auch auf deutscher Seite registriert worden.[283] Vor allem aber beschwerte sich das Schweizer Parlament energisch darüber. Diese Schweizer Proteste wischte Churchill vom Tisch mit der Bemerkung: »Sagen Sie ihnen, sie sollen ihre Kühe melken gehen.«[284]

»Succesfully located«
Luftkriegsführung 1914

Greys »Ersatzziel« bei seinem ersten Bombenabwurf 1914 war de facto nicht der Kölner Hauptbahnhof, und es war wohl ebenfalls nicht die städtische Gasanstalt, die er zwar überflog, aber im Gefechtsbericht nicht erwähnte.[285]

Beides – Gasanstalt und Hauptbahnhof – wären allerdings sehr lohnende Ziele gewesen. Ihre Lage innerhalb der Stadt war allgemein bekannt, auch die der Gasanstalt auf Stadtplänen publiziert.[286] Die Gasanstalt diente, wie man in London sehr wohl wusste, auch zur Herstellung von Wasserstoff für das Traggas der von Bickendorf aus eingesetzten Luftschiffe. Der Kölner Hauptbahnhof mit der Hohenzollernbrücke war das entscheidende Nadelöhr in der gesamten Logistik des deutschen Aufmarsches in Richtung Westfront, die verwundbarste Stelle sowohl für Truppentransporte wie auch für Versorgung und Nachschub. Täglich passierten in den ersten Kriegsmonaten bis zu 30.000 Soldaten diesen Engpass, in Zügen im Zehn-Minuten-Takt.[287]

Eine solche Bewertung möglicher britischer Angriffsziele wäre allerdings retrospektiv und historisch nicht korrekt. Eine Bombardierung der Gasanstalt hätte womöglich wegen der direkten Auswirkungen auf die deutschen Zeppelinangriffe noch in das britische Konzept gepasst – ein Angriff auf die

Spenser Douglas Adair Grey, der Pilot, der 1914 die ersten Bomben auf Köln warf, in seinem Cockpit

Innenstadt und den Hauptbahnhof mit zahlreichen zivilen Opfern keinesfalls.

Ein solches Ziel setzt ein offensives Denken im Sinne des erst später im Verlauf des Ersten Weltkriegs geplanten und teils geführten strategischen Bombenkriegs voraus, der bei Kriegsbeginn in literarischen Visionen beschrieben und von einzelnen Protagonisten vielleicht angedacht, aber auf britischer Seite 1914 noch nicht voll entwickelt war.

Grey hatte erklärt, beide Bomben auf den Hauptbahnhof geworfen zu haben. Sollte er wirklich die Gleisanlagen in Ehrenfeld mit dem Hauptbahnhof verwechselt haben? Dies ist angesichts der exponierten und deutlich sichtbaren Lage des Kölner Hauptbahnhofs neben Dom und Rhein kaum denkbar. Dass Gleisanlagen bei beiden Bombenabwürfen über Ehrenfeld und Großkönigsdorf Greys Ziel waren, vermutete auch die Kölner Presse: »Zweifellos war die Zerstörung der Eisenbahn Köln=Aachen beabsichtigt, da dasselbe Flugzeug auch direkt am Eisenbahngleis in Köln=Ehrenfeld eine Bombe fallen ließ.«[288]

Die britische Admiralität erhielt Greys Bericht mit der Erwähnung der Bombardierung des Kölner Hauptbahnhofs am 17. Oktober 1914.[289] Murray Sueter, Chef des Air Department der Admiralität, oder gar Churchill und die anderen britischen Minister dürften dieser Version kaum Glauben geschenkt haben – doch darüber geben die Quellen keinen Aufschluss.

Dagegen ließ die britische Admiralität bereits zuvor, am 11. Oktober, offiziell verlautbaren, Grey habe seine Bomben über Köln »auf den Militärbahnhof« (»on the military railway station«) geworfen und dabei nennenswerten Schaden angerichtet.[290] Doch einen solchen »Militärbahnhof« gab es in Köln gar nicht. Hinter dieser Formulierung darf man eine Absicht vermuten: nämlich hervorzuheben, es lediglich, und zwar mit Erfolg, auf militärische Ziele abgesehen zu haben.

Das betonte auch die Londoner Presse. Ende November 1914 ging die *Evening Post* anlässlich der britischen Luftangriffe auf deutsche Luftschiffhallen in Köln, Düsseldorf und Friedrichshafen auf den Charakter dieser Bombardements ein. Über allen drei Orten hätten die Piloten ihr jeweiliges konkretes Ziel »erfolgreich lokalisiert« (»succesfully located«) und »mit ihren Bomben getroffen«.[291] Dies entsprach nur für die beiden Luftangriffe auf die Düsseldorfer Luftschiffhalle den Tatsachen. Der Angriff auf Friedrichshafen am 21. November 1914 verlief weit weniger erfolgreich, und auch beide Angriffe auf Köln waren ja gerade dadurch gekennzeichnet, dass die Piloten ihr Ziel, die Bickendorfer Luftschiffhalle, nicht fanden. Nach dem ersten erfolglosen Angriff auf Köln am 22. September erklärten französische Zeitungen, die britischen Piloten seien »anderthalb Stunden über der Stadt gekreist«, hätten aber absichtlich »keine einzige Bombe« abgeworfen, »um nicht Kirchen oder Privathäuser zu beschädigen«[292] – dabei war es der Nebel, der die Piloten sofort hatte zurückkehren lassen. Die heute wieder aktuelle Behauptung von Militärs, einen exakten, zielgerichteten und lediglich gegen einzelne, konkret lokalisierbare militärische Einrichtungen konzentrierten Luftkrieg führen zu können, war auch damals bereits mit vielen Fragezeichen zu versehen.

Dennoch betonten Briten und Franzosen den grundlegenden Unterschied ihrer zielgerichteten Luftangriffe gegenüber den Bombardements der Deutschen. Deren Luftangriffe gegen Zivilisten und Kulturdenkmäler seien von Vandalismus geprägt, der aus mangelnder Nervenstärke resultiere: »Was würde man über uns, die Franzosen, sagen«, fragte die Pariser Zeitung *Le Figaro*, »würden wir den Kölner Dom [...] bombardieren?«[293]

Zwar musste der Zeppelin »Cöln« nach dem Angriff auf Lüttich verschrottet werden, doch überwog auf deutscher Seite der Stolz auf die »Errungenschaft«, Städte bombardieren zu können. Eine 1914 geprägte Silbermedaille zeigt das Bildnis des Grafen Zeppelin und auf der Rückseite, wie eines »seiner« Luftschiffe eine Innenstadt bombardiert – mit der stolzen Umschrift: »UNSER ZEPPELIN IN TÄTIGKEIT IM FELDZUG 1914«.[294]

Auch wenn die *Times* protestierte und ein Professor aus Harvard erklärte: »Der einfache Mann in Amerika sieht keine Rechtfertigung für das Werfen von Bomben auf Städte und Dörfer, die doch in der Hauptsache von nicht Kämpfenden bewohnt werden«: Man fühlte sich im Recht, wie in der *Kölnischen Zeitung* unter formaljuristisch korrekter Berufung auf die Haager Konvention dargelegt wurde.[295]

Zu den Angriffen deutscher Zeppeline »auf Paris und Antwerpen« erklärte die Londoner Presse: »Die deutschen Piloten machten einen solch wahllosen Gebrauch von ihren Bomben, dass Frauen, Kinder und Nicht-Kombattanten in nicht-militärischen Einrichtungen getötet oder verletzt wurden.«[296]

Bereits der erste Luftangriff auf eine Stadt im Ersten Weltkrieg, der am 5. August 1914 von Köln aus nach Lüttich erfolgte, belegt, dass diese Bemerkung leider zutreffend war.

Epilog: Die Büchse der Pandora

»Derartige Mordereien hinter der Front«
Opfer und Debatten

Im Dezember griffen französische Flugzeuge Freiburg an, Weihnachten 1914 erfolgte der erste deutsche Angriff auf eine britische Stadt: Die Deutschen attackierten Dover, die Briten Cuxhaven. Geplante Zeppelinangriffe auf das Zentrum von London mit seinen historischen Baudenkmälern scheiterten zunächst an der schwankenden Haltung Kaiser Wilhelms II., der zögerte, da es die Heimatstadt seines königlichen Vetters George V. war. Nachdem der Kaiser seine Widerstände aufgegeben hatte, wurde ab Mai 1915 auch London bombardiert.[297]

Vom besetzten Belgien und Nordfrankreich aus konnten deutsche Zeppeline und von den belgischen Küstenstädten seit Herbst 1914 auch deutsche Flugzeuge mühelos die Hauptstädte Paris und London erreichen – während Köln und andere deutsche Großstädte im Rheinland für Franzosen und Briten zunächst nur mühsam, Berlin bis zum Kriegsende überhaupt nicht erreichbar waren.[298]

1915 verschaffte die Einführung des mit dem Propeller synchronisierten Maschinengewehrs durch Fokker den Deutschen zwischenzeitlich einen Vorsprung im Luftkrieg. Dennoch verschoben sich, je mehr die Flugzeugtechnik weiterentwickelt wurde, die Gewichte allmählich zugunsten der Entente. Nach den ersten beiden Kriegsjahren erreichten viele Flugzeuge eine für Luftschiffe bedrohliche Höhe und wurden mit ihrer Leuchtspurmunition zur tödlichen Gefahr für jede

Luftschiffbesatzung. Beide Seiten konstruierten nun große Bombenflugzeuge und setzten sie ein: die Deutschen gegen London, die Briten gegen deutsche Städte. Auf britischer Seite wurden Pläne für einen künftigen strategischen Bombenkrieg im großen Maßstab ausgearbeitet, anfangs bestehende Bedenken spielten nun keine Rolle mehr.[299]

Die Geschichte der Luftangriffe auf Köln in den Jahren 1917 und 1918 ist bislang nicht geschrieben.[300] Die ersten zivilen Opfer des Luftkriegs in Köln starben jedoch nicht durch alliierte Bomben, sondern durch die Aktivitäten der in Köln seit 1914 gepriesenen »Tod und Verderben speienden Luftriesen«[301] – der eigenen Zeppeline. Am 12. Januar 1916 spielten Kinder in einer Kiesgrube bei Pesch, die das in Köln stationierte Luftschiffer-Bataillon Nr. 3 als Testgelände für Bombenabwürfe nutzte, mit »einer vergessenen Fliegerbombe«.[302] Diese explodierte und riss zehn von ihnen in den Tod.[303] Kurz darauf erfolgte der schwerste nächtliche Zeppelinangriff auf Paris, der 26 Tote forderte und zum Bau von Schutzbunkern in Metrostationen führte.[304] Unter diesem Eindruck prägte der französische Journalist Léon Daudet am 9. Februar 1916 den Begriff vom »totalen Krieg«.[305]

Über den folgenreichen britischen Luftangriff auf Köln zu Pfingsten 1918 debattierte der Stadtrat. Oberbürgermeister Konrad Adenauer sagte über die 41 Toten und 47 Verletzten: »[...] auch sie sind gestorben für Deutschland.«[306] Einzig der Sozialdemokrat August Haas appellierte an christliche Werte und dafür, nicht Vergeltung zu fordern, sondern ähnlich wie der »Gemeinderat der Stadt Paris« eine Initiative gegen »derartige Mordereien hinter der Front« zu ergreifen.[307] Man entgegnete mit der rhetorischen Frage, wer denn »unsere

Kollegen in der Pariser städtischen Verwaltung« überhaupt seien. Adenauer erklärte, die »Männer, die in den feindlichen Ländern die Gewalt haben« seien »entweder Verbrecher, oder Menschen, die die Besinnung verloren haben«.[308] Noch war man siegesgewiss, die deutsche Offensive an der Westfront war noch nicht gescheitert. »Alle Unbilden des Krieges« solle man daher weiterhin, so der Oberbürgermeister, »mit Ausdauer und Vaterlandsliebe ertragen, wie die Cölner Bevölkerung diese Unbilden bis jetzt ertragen hat«.[309]

Nur dem Waffenstillstand vom 11. November 1918 ist es zu verdanken, dass Köln verschont blieb, denn für 1919

»Anbei die Hofansicht des von einer Fliegerbombe zerstörten Hauses in Köln«, notierte der Kölner Heinrich Jäger auf dieser Bildpostkarte an seinen Bruder am 21. Dezember 1919 in Erinnerung an die letzten Bombenangriffe von 1918 (Ausschnitt)

planten die Alliierten bereits massive Luftangriffe mit großen Bombern gegen Städte an Rhein und Ruhr und gegen Berlin.[310]

»Daß Köln [...] außer dem Dom in Schutt und Asche liegt«
Im Teufelskreis der Eskalation

Eines jedoch steht fest: Es waren die Deutschen, die von Köln aus 1914 die Büchse der Pandora öffneten. Die Dynamik des gegenseitigen Hochschaukelns, des Teufelskreises aus Angst und Vergeltung, kurz: des sich abzeichnenden totalen Kriegs, der die Unterschiede zwischen Front und Heimat erstmals in der europäischen Geschichte radikal aufhob, war seitdem nicht mehr zu bremsen.[311]

Bei Kriegsbeginn 1914 konnte noch kaum jemand ahnen, wohin dies führen sollte. Vollmundig erklärte der Kommentar im *Stadt-Anzeiger zur Kölnischen Zeitung* zum Luftangriff vom 8. Oktober 1914, der Pilot des Flugzeuges, das über Köln seine beiden Bomben abgeworfen hatte, könne »seinen Landsleuten erzählen, daß Köln nicht, [...] wie es schon in die Welt hinausgeschrieen worden war, außer dem Dom in Schutt und Asche liegt«.[312]

Es ist eine bittere Ironie der Geschichte: Als die deutsche Luftwaffe im Zweiten Weltkrieg London und andere britische Städte bombardierte, war erneut jener Winston Churchill, der 1914 von Antwerpen aus die Einsätze befahl, der entscheidende Mann. Früher als viele andere hatte er die Möglichkeiten, aber auch die Gefahren des strategischen Bombenkriegs klar erkannt. 1929 hatte er noch gefordert, einzig dem Völkerbund das Recht einzuräumen, Luftkrieg zu führen: »Die Lufthemschaft sollte allein dem Völkerbund vorbehalten sein, um den Weltfrieden gegen Aggressionen zu schützen.«[313]

Spenser Douglas Adair Grey, der Pilot, der 1914 die ersten Bomben auf Köln warf, beteiligte sich später beim Aufbau der Royal Air Force. In seinem Nachruf wurde hervorgehoben, er habe »1914 den Kölner Militärbahnhof bombardiert«. Grey starb 1937.[314]

Drei Jahre später hielt Churchill den Angriffen von Hermann Görings Luftwaffe auf England stand – und führte dann den Bombenkrieg gegen Deutschland.[315]

So lange, bis 1945 tatsächlich auch »Köln außer dem Dom in Schutt und Asche« lag.

Anmerkungen

1 Aders, Hintergründe, S. 9; vgl. auch Aders, Luftkrieg; Aders, Luftkriegsplanungen.
2 Vgl. Kramp, Zünder.
3 »[...] the great seminal catastrophe of this century.« Kennan, Decline, S. 3 (Hervorhebung im Original).
4 Münkler, Krieg, S. 9.
5 Zu den Zahlen der Opfer unter der Zivilbevölkerung im Luftkrieg 1914–1918 wurden verschiedene Angaben gemacht. Heute schätzt man die Zahl der deutschen Opfer durch französische und britische Luftangriffe auf 729 Tote und 1745 Verletzte, die der Opfer deutscher Luftangriffe unter den Briten auf 1414 Tote und 3416 Verletzte und unter den Franzosen auf 237 Tote und 539 Verletzte; vgl. Neitzel, Luftkrieg, S. 80.
6 Wenn auch die Deutschen ihre großen Gotha-Bomber seit Frühjahr 1918 vorwiegend nicht mehr für Bombenangriffe auf Städte einsetzten, sondern um die Offensive an der Westfront zu unterstützen; vgl. Killduff, Air Force, S. 67–85.
7 Vgl. Langen, Frauensport, S. 36–39.
8 Gegründet 1906 als »Coelner Aero-Club«, seit 1907 »Cölner Club für Luftschiffahrt« genannt, seit 1912 »Kölner Klub für Luftfahrt«, heute »Kölner Klub für Luftsport«; vgl. Rohde, Ballone, S. 366; Krause, Luftfahrtgeschichte, S. 208; Hilger, Erfahrung, S. 244–246; Suntrop, Chronik, www.koelner-luftfahrt.de/1910_start.htm (22. März 2014).
9 Vgl. Dreher, Mayer und Rinz, Luftfahrt, S. 8 ff. und 18 f.
10 Vgl. ebd., S. 10 f.
11 Vgl. Rohde, Ballone, S. 364 f.; Militärluftfahrt, Anlagebd., Nr. 47, S. 96; Dreher, Mayer und Rinz, Luftfahrt, S. 12; Klinker, Heimatkunde, S. 67 f.
12 Vgl. Dreher, Mayer und Rinz, Luftfahrt, S. 13; Klinker, Heimatkunde, S. 68.
13 Vgl. den Überblick von Haude, Zeppelin, S. 9; Haude, Grenzflüge, S. 55; Hilger, Erfahrung, S. 244 ff.
14 Vgl. Klinker, Heimatkunde, S. 68; Dreher, Mayer und Rinz, Luftfahrt, S. 13; Rohde, Ballone, S. 366.

15 Vgl. Krause, Luftfahrtgeschichte, S. 210 ff.; Rohde, Ballone, S. 366; Dreher, Mayer und Rinz, Luftfahrt, S. 24 f.; Suntrop, Chronik, www.koelner-luftfahrt.de/flugtag_1912.htm (22. März 2014).
16 Vgl. Dreher, Mayer und Rinz, Luftfahrt, S. 14.
17 Karl Kraus: Wie schön wäre das Leben, in: Die Fackel, Nr. 399, Mai 1914, S. 32.
18 Vgl. Rohde, Ballone, S. 366.
19 Vgl. Dreher, Mayer und Rinz, Luftfahrt, S. 15 ff.
20 Hacker, Erinnerungen, S. 185.
21 Vgl. Hilger, Erfahrung, S. 245; Suntrop, Chronik, www.koelner-luftfahrt.de/1910_start.htm (22. März 2014).
22 Vgl. Rohde, Ballone, S. 364 f.
23 Vgl. Zander, Militärgeschichte, S. 603; Rohde, Ballone, S. 364; Dorfey, Koblenz, S. 8; Rohde, Kasernen, S. 194–201.
24 Vgl. Rohde, Ballone, S. 365.
25 Neuhaus, Cöln, Stadtplan in der Beilage; zur Gasanstalt vgl. ebd., S. 462 f.
26 Vgl. Rohde, Ballone, S. 366; Dorfey, Koblenz, S. 8; Rohde, Kasernen, S. 194–204; Böhlke, Flughäfen.
27 Vgl. Rohde, Ballone, S. 366; Suntrop, Chronik, www.koelner-luftfahrt.de/1910_start.htm (22. März 2014).
28 Vgl. den Bericht in: The New Zealand Herald, 2. Juni 1913, S. 4; vgl. auch Suntrop, Chronik, www.koelner-luftfahrt.de/1910_start.htm (22. März 2014).
29 Vgl. Dreher, Mayer und Rinz, Luftfahrt, S. 66; Suntrop, Chronik, www.koelner-luftfahrt.de/1910_start.htm (22. März 2014).
30 Vgl. Rohde, Ballone, S. 366; Hirschfeld und Krumeich, Deutschland, S. 207 f.
31 Vgl. Dreher, Mayer und Rinz, Luftfahrt, S. 20; Suntrop, Chronik, www.koelner-luftfahrt.de/1900_start.htm (22. März 2014).
32 Vgl. Suntrop, Chronik, www.koelner-luftfahrt.de/1910_start.htm (22. März 2014).
33 Vgl. Dreher, Mayer und Rinz, Luftfahrt, S. 25.
34 Vgl. Rohde, Ballone, S. 366; Langen, Frauensport, S. 36–39; Suntrop, Chronik, www.koelner-luftfahrt.de/1910_36 start.htm (22. März 2014).

35 Unterlagen dazu sind erhalten im Bundesarchiv, Abt. Militärarchiv Freiburg, MSg 2/4652; freundliche Mitteilung von Daniel Schneider, Bundesarchiv-Militärarchiv, vom 21. März 2014.
36 Vgl. Gollin, Impact, S. 99–102; zit. n. ebd.
37 Vgl. ebd.
38 »With regard to the importance given to Cologne as an airship station, it is noted that this town is almost the nearest point to England.« Zit. n. Gollin, Impact, S. 101. Zur Herstellung des Traggases in der Kölner Gasanstalt vgl. Sonntag, Entwicklung, Nr. 62, 1912, Sp. 574; Militärluftfahrt, S. 18; Rohde, Ballone, S. 365.
39 Gollin, Impact, S. 238 f. Zur britischen Zeppelin-Angst vgl. auch Kuropka, Luftkriegskonzeption, S. 7–12; Münkler, Krieg, S. 526 ff. und die angekündigte Diss. von Holman, War.
40 Vgl. Gollin, Impact, S. 291 ff. und 315 ff.
41 Vgl. Klinker, Heimatkunde, S. 67 f.
42 Sonntag, Entwicklung; vgl. Rohde, Ballone, S. 364 f.
43 Brief des Kölner Polizeipräsidenten an den Kölner Regierungspräsidenten vom 25. Mai 1914, Landesarchiv NRW, Abteilung Rheinland, Bestand BR 9, Nr. 7576: Geheimsachen der Polizei, Bd. 9, Blatt 1372.
44 Kriminal-Inspektor Wiedemann an den Kölner Polizeipräsidenten, ebd. In den Polizeiakten werden genannt: »Gustav Adolf Clement-Bayard, Ingenieur, geboren am 22. September 1855 zu Pierrefonds in Frankreich; Fritz Schwarzkopf, Kaufmann, 24. Mai 1887, Odessa; Camille August Nicolas, Zivilingenieur, 18. Juli 1863, Cherre, Frankreich und Lucien Firmin Louis Sabathier, Ingenieur, 30. Januar 1876, Havre«.
45 Brief des Hamburger Polizeipräsidenten an den Kölner Polizeipräsidenten vom 27. Mai 1914, ebd.
46 Der Informant aus Paris erweckte den Eindruck, Briand sei Kriegsminister gewesen. Dagegen war Aristide Briand 1908 Justizminister, 1909–1911 Premierminister, 1912 Justizminister, Anfang 1913 erneut zwei Monate Regierungschef, von August 1914 bis Oktober 1915 Justizminister, 1915–1917 Premierminister und Außenminister und nach dem Ersten Weltkrieg einer der Wegbereiter der deutsch-französischen Annäherung.

47 Brief des Kölner Polizeipräsidenten an den Kölner Regierungspräsidenten mit Schreiben eines in Paris lebenden und mit Clement-Bayard bekannten Kölners vom 12. Juni 1914, Landesarchiv NRW, Abteilung Rheinland, Bestand BR 9, Nr. 7576: Geheimsachen der Polizei, Bd. 9, Blatt 1487.

48 Stadt-Anzeiger zur Kölnischen Zeitung, Montag, 25. Mai 1914. Zu Clément-Bayard vgl. Hartmann, Clément-Bayard; Urkunden und Auszeichnungen Clément-Bayards unter www.culture.gouv.fr/public/mistral/leonore_fr.

49 Le Figaro, Donnerstag, 28. Mai 1914, S. 2; vgl. auch: »M. Clément-Bayard est, en France, en quelque sorte le père de la navigation aérienne, tout comme le comte Zeppelin l'est en Allemagne.« Le Temps, Freitag, 29. Mai 1914, S. 4.

50 Le voilà, le »doux pays«, in: Le Matin, Paris, Montag, 25. Mai 1914, Titelseite.

51 Das Thema dominierte die Pariser Tagespresse, hier ein Überblick: Le Matin: Montag, 25. Mai 1914, Titelseite; L'Humanité: Dienstag, 26. Mai 1914, Titelseite; Le Figaro: 26. Mai 1914, S. 4; Mittwoch, 27. Mai 1914, S. 2 und 4; Donnerstag, 28. Mai 1914, S. 2; Le Temps: 26. Mai 1914, S. 3 f. und 6; 27. Mai 1914, S. 3 und 6; 28. Mai 1914, S. 4; Freitag, 29. Mai 1914, S. 4; Samstag, 30. Mai 1914, S. 4; Montag, 1. Juni 1914, S. 3; Dienstag, 2. Juni 1914, Titelseite; Le Petit Parisien: 26. Mai 1914, Titelseite, S. 2 f.; 27. Mai 1914, Titelseite; 28. Mai 1914, Titelseite und S. 3; 30. Mai 1914, Titelseite.

52 Die DELAG (Deutsche Luftschiffahrts-Aktiengesellschaft) war die weltweit erste Fluggesellschaft und hatte ihren Sitz in Frankfurt am Main.

53 »Et, dès la gare, nous voilà partis en automobile vers le terrain d'atterrissage de Bickendorf.« Le voilà, le »doux pays«, in: Le Matin, Paris, Montag, 25. Mai 1914, Titelseite.

54 »[…] nous préparions à déjeuner dans une petite auberge voisine […].« Ebd.; gleichlautend: Le Temps, Dienstag, 26. Mai 1914, S. 3 f.; vgl. auch Le Petit Parisien, 26. Mai 1914, S. 2.

55 »[…] comme un simple malfaiteur[…].« Le voilà, le »doux pays«, in: Le Matin, Paris, Montag, 25. Mai 1914, Titelseite; »[…] dans des cellules affectées, d'ordinaire, aux malfaiteurs […].« Le Petit Parisien, Dienstag, 26. Mai 1914, Titelseite.

56 Rheinische Zeitung, Mittwoch, 26. Mai 1914; Le Temps, Donnerstag, 27. Mai 1914, S. 3.
57 »Mais de tels faits nous obligent à nous rappeler que l'Allemagne et la France sont séparées l'une de l'autre par l'espace d'une civilisation.« Le voilà, le »doux pays«, in: Le Matin, Paris, Montag, 25. Mai 1914, Titelseite.
58 »[...] il se pourrait que je fisse adresser une réclamation par la voie diplomatique.« Ebd.; und Stadt-Anzeiger zur Kölnischen Zeitung, Montag, 25. Mai 1914.
59 »[...] puérile au plus haut point [...].« Le Petit Parisien, Mittwoch, 27. Mai 1914, Titelseite.
60 Neuhaus, Cöln, Stadtplan in der Beilage; zur Gasanstalt vgl. ebd., S. 462 f.
61 »[...] ainsi que les cinquante ou soixante personnes qui sont là.« Le voilà, le »doux pays«, in: Le Matin, Paris, Montag, 25. Mai 1914, Titelseite.
62 Kriminal-Inspektor Wiedemann an den Kölner Polizeipräsidenten, Landesarchiv NRW, Abteilung Rheinland, Bestand BR 9, Nr. 7576: Geheimsachen der Polizei, Bd. 9, Blatt 1372.
63 Brief des Kölner Polizeipräsidenten an den Kölner Regierungspräsidenten vom 25. Mai 1914, ebd.
64 Ebd.
65 Vgl. Kölnische Zeitung, Montag, 6. April 1914; zur französischen Wahrnehmung vgl. Un scandal de police à Cologne, in: Le Temps, Montag, 19. Januar 1914, S. 2; vgl. auch Le Temps, Mittwoch, 1. April 1914, S. 2; Dienstag, 7. April 1914, S. 6; Donnerstag, 9. April 1914, S. 2; Mittwoch, 27. Mai 1914, S. 3.
66 »[...] le fait de policiers subalternes [...] dénoncée à plusieurs reprises par nos camarades allemands [...].« L'Humanité, Dienstag, 26. Mai 1914, Titelseite.
67 Rheinische Zeitung, Dienstag, 26. Mai 1914.
68 Ebd., Mittwoch, 27. Mai 1914.
69 Im Wortlaut in: Stadt-Anzeiger zur Kölnischen Zeitung, Mittwoch, 27. Mai 1914; kommentiert in: Rheinische Zeitung, 27. Mai 1914.
70 Suttner, Hochgedanken, S. 294.
71 Suttner, Barbarisierung; vgl. Innerhofer, Science Fiction, S. 219 ff.; Münkler, Krieg, S. 528; Hamann, Suttner, S. 290 ff.; Cohen, Schlaglichter.

72 Wells, War (deutsche Ausgabe: Der Luftkrieg, Leipzig 1909).
73 Vgl. Kuropka, Luftkriegskonzeption, S. 7 f.; Münkler, Krieg, S. 526 ff.
74 Vgl. Münkler, Krieg, S. 533.
75 Vgl. Herwig, Marne, S. 46.
76 Robert Musil: Die Amsel, aus: ders.: Nachlaß zu Lebzeiten (1936), Reinbek 1957, S. 141.
77 Vgl. Münkler, Krieg, S. 526–533; Willmott, Weltkrieg, S. 175 und 188; Kennett, War, S. 46 f.; Jones, Bomben; Leonhard, Büchse, S. 461 ff.
78 Vgl. Münkler, Krieg, S. 526–533; Willmott, Weltkrieg, S. 175 und 188; Jones, Bomben; Robinson, Zeppelin, S. 234 ff.
79 Vgl. Geinitz, Air War, S. 209.
80 Suttner, Kampf, S. 538; vgl. Gruber und Klaus, Suttner, S. 49 f.
81 »Köln, 17. Febr. Kurz vor 10 Uhr vormittags manövrierte der Z 2 eine Zeitlang über dem Blücherpark. Dabei wurde er von mehreren Flugapparaten des Butzweilerplatzes umschwärmt. Das Schauspiel wurde mit lebhaftem Interesse verfolgt.« Kölnische Zeitung, Mittags-Ausgabe, Dienstag, 17. Februar 1914.
82 »[…] par des aviateurs français […].« Kriegserklärung, Brief des deutschen Botschafters Wilhelm von Schoen an René Viviani vom 3. August 1914, 18.45 Uhr, La Courneuve, archives des Affaires étrangères, AAE, CPC, Allemagne, Bd. 1, S. 115; ed. in: Manfrin und Veyssière, Été, S. 191, Nr. 170; Krumeich, Juli, S. 334 ff., Dokument 49; Auszug des deutschen Textes in: Kriegs-Depeschen, »Nach dem Ausbruch des Krieges«, S. 36.
83 Kriegs-Depeschen, »Nach dem Ausbruch des Krieges«, S. 16.
84 Vgl. Geiss, Juli, S. 345; Fischer, Griff, S. 81; Krumeich, Juli, S. 176 ff. und S. 334 ff., Dokument 49.
85 Vgl. Münkler, Krieg, S. 526 ff.; Robinson, Zeppelin, S. 40 ff.; Müller, Bombenkrieg, S. 15–28.
86 Vgl. L'Illustration, Samstag, 8. August 1914; Jones, Bomben, S. 287; Morrow, War, S. 69.
87 Gefechtsbericht von Dücker, BArch, RH 18/1877, S. 1 f.
88 Gefechtsbericht von Dücker vom 7. August 1914, S. 1, Typoskript, als Foto (Archivalie) abgedruckt in: Heinrichs, Luftschiffangriff. Der Zeitungsartikel ist zwar im Tonfall nationalistischer und kriegsverherrlichender Abenteuerberichte verfasst, stützt sich aber wörtlich auf diese Quelle, von der nur die ersten beiden Seiten erhalten sind. Anfragen

beim Bundesarchiv, Abt. Militärarchiv Freiburg, nach dem möglichen Verbleib weiterer Akten ergaben, dass man davon ausgehen muss, dass die meisten Unterlagen wohl bei der Bombardierung des Heeresarchivs in Potsdam 1945 vernichtet wurden und dass sich allenfalls in den Beständen PH 3 Großer Generalstab der Preußischen Armee / Oberste Heeresleitung und PH 18 Luftschiffertruppen der Preußischen Armee des Bundesarchivs, Abt. Militärarchiv Freiburg, weitere Hinweise finden könnten; freundliche Auskunft von Daniel Schneider, Bundesarchiv, Abt. Militärarchiv Freiburg, vom 21. März 2014, und Thomas Menzel, Bundesarchiv, Abt. Militärarchiv Freiburg, vom 24. Juli 2014.
89 Luftstreitkräfte, S. 13.
90 Vgl. Münkler, Krieg, S. 113–118; Thomas Gerhards: Artikel Lüttich, in: Hirschfeld, Krumeich und Renz, Enzyklopädie, S. 686 f.
91 »[...] d'après les intentions de l'Empereur [...] Songez, mon général, ajoutait l'officier d'état-major allemand, que si ma mission pacifique vient à échouer, déjà ce soir un ballon dirigeable planera sur cette malheureuse cité et y laissera tomber des bombes [...].« Leman, Rapport, S. 94 f. Leman datierte in seinen 1920 erschienenen Erinnerungen diese Begegnung fälschlich auf den 4. August 1914 und führte aus, den Zeppelin habe man durch Beschuss vertrieben, ohne dass er weitere Schäden angerichtet habe. Dies wurde in der belgischen Forschung inzwischen korrigiert; vgl. Leman, Rapport, Anm. 16; Ruther, Zeppelins.
92 »Avec toute la courtoisie désirable, je répondis évidemment par un refus formel.« Leman, Rapport, S. 95.
93 Gefechtsbericht von Dücker, BArch, RH 18/1877, S. 1; abgedruckt in: Heinrichs, Luftschiffangriff. Als Besatzung werden genannt: Kommandant und Beobachtungsoffizier Major im Großen Generalstab von Dücker, Luftschiffführer Hauptmann Kleinschmidt, Funkeroffizier Leutnant Brickenstein, Fahringenieur Noack, Obersteuermann Schmidt, Steuermann Gröger, Funkerunteroffizier Fischer, Luftschiffer Kuck und die Maschinisten Bürvenich, Schuster, Mertens und Scholler.
94 Gefechtsbericht von Dücker, BArch, RH 18/1877, S. 2.
95 Ebd.
96 Gefechtsbericht von Dücker, zit. n. Heinrichs, Luftschiffangriff; vgl. auch Luftstreitkräfte, S. 13. Die Angaben in der französischen und belgischen Geschichtsschreibung weichen hiervon nur geringfügig ab: Die vom Ab-

wehrfeuer beschossene »Cöln« habe um 2.45 Uhr aus 1450 Metern Höhe 200 Kilogramm Bomben abgeworfen; vgl. Mortane, Dirigeables, S. 83; Ruther, Zeppelins.
97 Gefechtsbericht von Dücker, zit. n. Heinrichs, Luftschiffangriff.
98 Kölnische Zeitung, Montag, 10. August 1914, unter Berufung auf Meldungen der Kölnischen Volkszeitung.
99 Vgl. Heinrichs, Luftschiffangriff.
100 Freundliche Mitteilung von Prof. Francis Balace, Université de Liège, 23. Juli 2014. Die meisten Darstellungen berichten nichts über die Opfer dieses Angriffs auf Lüttich, lediglich Boyne, Influence, S. 99, erwähnt neun getötete Zivilisten.
101 Freundliche Mitteilung von Philippe Doppagne vom Musée Royal de l'Armée et d'histoire militaire in Brüssel vom 30. Juli 2014.
102 »Il ne faut pas s'exagérer. Dix obus ne font pas un ravage bien terrible. Il peuvent fort bien n'avoir atteint personne et c'est ne pas parce que trois maisons brûlent que la ville est en feu« La Metropole, Antwerpen, Freitag, 7. August 1914
103 Zum Einsatz kamen österreichische schwere Geschütze, aber auch schwere Artillerie des 2. Reserve-Bataillons des in der Festung Köln stationierten Westfälischen Fußartillerie-Regiments Nr. 7; vgl. Westfälisches Fußartillerie-Regiment, S. 293 ff.
104 Lehmann, Luftpatrouille, S. 43.
105 Promber, Kampf, S. 9 f.
106 »[...] the bombs intended for the fortresses there missed, but killed nine civilians, the first in a long series of ›collateral damage‹ incidents.« Boyne, Influence, S. 99, unter Berufung auf David Wragg: The Offensive Weapon. The Strategy of Bombing, London 1986, S. 34.
107 Gefechtsbericht von Dücker, BArch, RH 18/1877, S. 1.
108 Ebd.
109 Vgl. Dorfey, Koblenz.
110 Meldung vom 18. August 1914, Reichsarchiv, Grenzschlachten, S. 664. Ab dem 30. August befand sich das Große Hautquartier in Luxemburg und ab dem 25. September in Charleville-Mezières. Zum Großen Hauptquartier vgl. Afflerbach, Kaiser; Dorfey, Koblenz, S. 13–20.
111 Luftstreitkräfte, S. 13; vgl. auch Ruther, Zeppelins.

112 Vgl. Rogasch, Anstand, S. 100 ff.; Görlitz, Kaiser, S. 29; Afflerbach, Kaiser; Dorfey, Koblenz, S. 13–20.
113 Historisches Luftfahrtarchiv Köln.
114 Die Vorderseite zeigt den deutschen »GENERAL v. EMMICH«, die Rückseite mit der Umschrift »LÜTTICH / 7. 8. 1914« den die Stadt erobernden Kriegsgott mit Adlerhelm der Garde du Corps und den Zeppelin »Cöln«; Ruther, Zeppelins. Ein Exemplar befindet sich im Stadtgeschichtlichen Museum Leipzig.
115 Historisches Luftfahrtarchiv Köln.
116 Vgl. Hartmann, Clément-Bayard, S. 27; Hartmann, Terreur, S. 3; zu Trier vgl. auch Welter, Trier, S. 6; Zenz, Trier, S. 113; Dorfey, Trier. Der Trierer Regierungspräsident erwähnte in seinem Bericht nicht das Luftschiff »Fleurus«, dessen Name an die Schlacht bei Fleurus erinnern sollte, in der erstmals ein Militärballon eingesetzt wurde – von der französischen Revolutionsarmee 1794. Stattdessen sprach er von einem feindlichen Flugzeug, das »2 Bomben seitlich des Bahnkörpers Karthaus [bei Konz, MK] in der Nähe des Personentunnels und des Kohlelagers der Eisenbahn herabgeworfen« habe; Bericht vom 10. August 1914, in: Landeshauptarchiv Koblenz, Best. 403, Nr. 5378, zit. n. Dorfey, Trier.
117 »Peuvent-ils venir?« Le Petit Parisien, Donnerstag, 20. August 1914, S. 4.
118 Vgl. Geinitz, Air War, S. 209; Martel, Aviation, S. 21; Pesquiès-Courbier, Groupe; Chickering, Freiburg, S. 96–108.
119 Lehmann, Luftpatrouille, S. 47; vgl. auch Suntrop, Chronik, www.koelnerluftfahrt.de (22. März 2014).
120 Lehmann, Luftpatrouille, S. 47 f. Zum Großen Hauptquartier vgl. Afflerbach, Kaiser; Dorfey, Koblenz.
121 Lehmann, Luftpatrouille, S. 48; vgl. auch Suntrop, Chronik, www.koelnerluftfahrt.de (22. März 2014).
122 Vgl. Münkler, Krieg, S. 201–205; Morrow, War, S. 68 f.; Laurence van Ypersele: Artikel Antwerpen, in: Hirschfeld, Krumeich und Renz, Enzyklopädie, S. 336 f.
123 Die Angaben zur Zahl der Opfer schwanken. Belgische Berichte sprechen von zehn Toten und vierzig Verletzten; vgl. www.antwerpen14-18.be/de/content/der-historischehintergrund-des-ersten-weltkriegs-antwerpen (19. März 2014). Hartmann, Terreur, S. 3, erwähnt zwölf tote Frauen und

Kinder; auch Pollard, Air Service, S. 8, nennt zwölf Tote; in der deutschen Presse war von sieben Toten und acht Verwundeten die Rede; vgl. www.stahlgewitter.com/14_08_26.htm (19. März 2014); zu den Luftangriffen auf Antwerpen vgl. auch Redner, Luftschiffwaffe, S. 32 ff.

124 Zeppelin over Antwerp, in: The Argus, Melbourne, Donnerstag, 27. August 1914.
125 Vgl. Münkler, Krieg, S. 528; Kuropka, Luftkriegskonzeption, S. 10; Neitzel, Bombenkrieg, S. 79.
126 Vgl. Presseberichte vom 26. August 1914, www.stahlgewitter.com/14_08_26.htm (19. März 2014).
127 Bericht des Großen Hauptquartiers vom 27. August 1914, in: Frankfurter Zeitung, www.stahlgewitter.com/14_08_27.htm (19. März 2014).
128 Vgl. Suntrop, Chronik, www.koelner-luftfahrt.de/1910_start.htm (22. März 2014).
129 Vgl. Kriegs-Depeschen, »Nach dem Ausbruch des Krieges«, S. 67.
130 Vgl. ebd., S. 66; Pignot, Paris, S. 70 f. Das erste deutsche Flugzeug über Paris warf wenige Tage zuvor eine Bombe ab, die laut deutscher Berichterstattung keinen Schaden anrichtete; vgl. Kriegs-Depeschen, »Nach dem Ausbruch des Krieges«, S. 63.
131 »The panic in Antwerp was very great. [...] The aeroplane dropped several bombs, but did no damage. It was the dread of these airships that was the worst thing to bear. Oh, it was horrible when they came. To be in the cellars and hear the guns of the forts firing shot after shot at the things – I cannot tell you what it was like. I don't think we hit any.« Nottingham Daily Express, Freitag, 9. Oktober 1914.
132 »In een huis werd eene vrouw gevonden die letterlijk was gepulveriseerd. Een andere die uit haar venster leunde werd het hoofd afgeslagen zoo dat de bloedstraal als een fontein naar beneden spoot.« Jozef Muls: Het beleg van Antwerpen, www.bahavzw.be/database/content/luchtschip-bombardement-op-antwerpen (19. März 2014).
133 Vgl. Pollard, Air Service; Laurence van Ypersele: Artikel Antwerpen, in: Hirschfeld, Krumeich und Renz, Enzyklopädie, S. 336 f.
134 Zu Churchills hochfliegenden, teils gescheiterten Ambitionen vgl. Pugh, Origins, S. 286–298; Christoph Cornelissen: Artikel Churchill, in: Hirschfeld, Krumeich und Renz, Enzyklopädie, S. 416; Haffner, Churchill, S. 63 ff.

135 Vgl. Pugh, Origins, S. 286–299.
136 »London was in the range of zeppelin sheds at Düsseldorf and Cologne. To meet this danger there was nothing except the naval aeroplanes.« Churchill, Crisis, Bd. 1, S. 312 f.; vgl. Geinitz, Air War, S. 209.
137 Ähnlich wie Churchill führte auch der ambitionierte Samson seinen eigenen privaten Krieg (»private war«); Pugh, Origins, S. 295.
138 »[...] as rapidly as possible [...] six aeroplanes with superior pilots [...].« Churchill Papers, Churchill College, Cambridge, CHAR 13/58; zit. n. Pollard, Air Service, S. 8.
139 Vgl. Castle, Raids, S. 10 ff.
140 Vgl. ebd., S. 11.
141 Samsons Flugzeug, mit dem Gerrad flog, trug die Nummer 50, Collets Sopwith die Nummer 906; vgl. Castle, Raids, S. 12. Zu Collet, dessen beide Brüder ebenfalls Kampfflieger wurden, vgl. Walton, Collets.
142 Die Maschine mit der Nummer 167 wurde beschädigt beim Versuch, im weichen Sand zu landen; vgl. Castle, Raids, S. 13.
143 »[...] a good chance of success.« Zit. n. ebd., S. 12.
144 »The duty of these areoplanes will be to attack Zeppelins which approach the city, or, better still, in their homes on the Rhine.« Churchill Papers, Churchill College, Cambridge, CHAR 13/58; zit. n. Pollard, Air Service, S. 8.
145 Vgl. Castle, Raids, S. 12 f.
146 Vgl. ebd., S. 13.
147 Zu diesem Luftangriff vgl. Raleigh, War, S. 389; Castle, Raids, S. 14 f.; Pollard, Air Service, S. 10 f.; Jones, Origins, S. 57; Warner, Aircraft, S. 81 f.; Boyne, Influence, S. 101; sowie Standt, Köln, S. 128, der auf zeitgenössischen Presseberichten basierend lediglich den Angriff auf Düsseldorf, nicht aber den auf Köln, erwähnt.
148 Nach Düsseldorf flogen Gerrard in der Vickers Blériot Experimental B. E. 2b mit der Nummer 50 und Collet in einer einsitzigen 80hp Sopwith mit der Nummer 906; vgl. Castle, Raids, S. 13.
149 Nach Köln flog Marix im Zweisitzer Sopwith Tabloid Nr. 168; vgl. Castle, Raids, S. 13.
150 Zu den Flugzeugtypen vgl. Bruce, Sopwith, S. 736.
151 Vgl. Sturtivant und Page, Serials, S. 39.
152 Vgl. Pollard, Air Service, S. 5.

153 Lea, Reggie, S. 26.
154 Vgl. Castle, Raids, S. 14.
155 Vgl. Raleigh, War, S. 389; Castle, Raids, S. 14 f.; Pollard, Air Service, S. 10 f.; Jones, Origins, S. 57; Warner, Aircraft, S. 81 f.; Boyne, Influence, S. 101; Walton, Collets, S. 3 f.
156 Vgl. Castle, Raids, S. 16.
157 »L'importance de cet exploit démontre que si de nouvelles bombes étaient jetées sur Anvers ou toute autre ville belge, des représailles seraient exercées dans un rayon aussi étendu qu'on le voudrait.« Le Petit Parisien, Freitag, 25. September 1914, Titelseite.
158 Stadt-Anzeiger zur Kölnischen Zeitung, Abend-Ausgabe, Freitag, 25. September 1914, Titelblatt.
159 Kölnische Zeitung, Erste Morgen-Ausgabe, Sonntag, 11. Oktober 1914, Titelseite (Leitartikel).
160 Rheinische Zeitung, Freitag, 9. Oktober 1914, S. 2.
161 Brief von Moriz Freiherr von Lyncker vom 19. August 1914, zit. n. Dorfey, Koblenz, S. 19; vgl. Afflerbach, Kaiser, S. 127.
162 Lehmann, Luftpatrouille, S. 52. Lehmann war von Köln aus über diesen ersten Angriff recht gut informiert, gab allerdings das falsche Datum »27. September« an und dachte, »der Flieger Marix« habe den Angriff auf Düsseldorf geflogen. Er ahnte nicht, dass dieser gleichzeitig erfolglos versuchte, Lehmanns Luftschiff in der Bickendorfer Halle zu zerstören; vgl. Castle, Raids, S. 14 f.
163 Vgl. Castle, Raids, S. 17.
164 »[...] one of the best hotels in Europe [...].« Zit. n. ebd., S. 18.
165 Lea, Reggie, S. 26.
166 Vgl. ebd., S. 26 f. Marix datiert dies rückblickend fälschlich auf den 8. Oktober, auch den ersten Luftangriff datiert er aus der Erinnerung falsch auf den 23. statt den 22. September; vgl. Pollard, Air Service, S. 13; Castle, Raids, S. 18.
167 »The aeroplanes were taken out of the shed and drawn into the middle of the aerodrome to avoid damage by splinters in case the shed was hit. The aerodrome being between the enemy and the town, shells where passing over during the entire period of the bombardment.« Bericht Grey, CAB 37/121/127. Sippes Flugzeug mit der Nummer 49 kam nicht mehr zum Einsatz, die beiden Flugzeuge mit den Nummern

167 und 168 blieben als einzige für den Angriff übrig; vgl. Castle, Raids, S. 19.

168 »The forenoon of the 9th October, as the weather was misty and unsuitable, was spent in tuning up the machines.« Bericht Grey, CAB 37/121/127. Grey berichtete am 17. Oktober, er sei erst am Freitag, den 9. Oktober, in Richtung Köln gestartet (ebd.). Dies lässt sich jedoch weder mit den Kölner Quellen noch mit dem zeitlichen Verlauf der Evakuierung Antwerpens in Einklang bringen und beruht wohl auf einem Erinnerungsfehler. Dies ist in der britischen Forschung korrigiert worden; vgl. Raleigh, War, S. 389 f.; Castle, Raids, S. 21–29; Jones, Origins, S. 57; Pollard, Air Service, S. 10 f.; Warner, Aircraft, S. 81 f.; Boyne, Influence, S. 101; Bruce, Sopwith, S. 736; Lawson, Campaign, S. 46 ff.; Morrow, War, S. 81.

169 »At 1 P. M., as the weather showed no signs of improvement and it was important to make the attack as early as possible, I decided to start.« Bericht Grey, CAB 37/121/127.

170 »Flight Lieutenant Marix in aeroplane No. 168 was ordered to proceed to Düsseldorf. He left at 1:30 P. M. […] I left Antwerp at 1:20 P. M. in aeroplane No. 167 with the intention of attacking the airship sheds at Cologne.« Ebd. Den Luftangriff vom 8. Oktober 1914 erwähnen: Raleigh, War, S. 389 f.; Castle, Raids, S. 21–29; Jones, Origins, S. 57; Pollard, Air Service, S. 10 f.; Warner, Aircraft, S. 81 f.; Boyne, Influence, S. 101; Bruce, Sopwith, S. 736; Lawson, Campaign, S. 46 ff.; Morrow, War, S. 81; Blank, Luftkrieg, S. 2; Kramp, Zünder; Schmidt, Luftkrieg, S. 687 (mit teils falschen Daten); sowie Standt, Köln, S. 128 (mit der fälschlichen Angabe, es habe sich um einen »französischen Doppeldecker« gehandelt).

171 Grey flog die Maschine mit der Nummer 167, Marix die Nummer 168; Bericht Grey, CAB 37/121/127. Die Bomben waren vom Typ 20lbs Hales Aircraft Bomb, die exakt bemessen etwas über 9 kg wogen; vgl. Lea, Reggie, S. 25; Castle, Raids, S. 21; Pollard, Air Service, S. 13; Bruce, Sopwith, S. 736.

172 Lea, Reggie, S. 25–30.

173 »[…] further away from the town than expected.« Ebd., S. 27; vgl. Castle, Raids, S. 22 f.; Pollard, Air Service, S. 14.

174 »I pulled my nose down and dived. […] I released the two bombs, one after another.« Lea, Reggie, S. 27.

175 »The roof fell in within thirty seconds, and flames 500 feet high were observed, indicating that an inflated Zeppelin must have been inside.« Bericht Grey, CAB 37/121/127.

176 Lehmann, Luftpatrouille, S. 53.

177 Vgl. Castle, Raids, S. 22 f.; Jones, Origins, S. 57; Raleigh, War, S. 389 f. Lehmann berichtet vom Tod eines Mechanikers auf dem Lufthallendach; Lehmann, Luftpatrouille, S. 53. Die Tötung von Zivilisten durch Luftangriffe bereits in den Balkankriegen ist möglich, aber nicht belegt. In Paris wurde nach italienischen Zeitungsberichten bereits am 27. September durch einen deutschen Bombenabwurf ein Mann getötet; vgl. Kriegs-Depeschen, »Nach dem Ausbruch des Krieges«, S. 125, 27. September 1914. Auf der Grundlage der deutschen Kriegs-Depeschen lassen sich weitere zivile Opfer des Luftkriegs für 1914 auflisten: drei in Paris am 11. Oktober durch den Angriff zweier deutscher »Taube«-Flugzeuge (ebd., S. 153) und ebenfalls noch im Oktober zwei in Calais durch ein deutsches Flugzeug und acht in Paris durch einen deutschen Zeppelinangriff (ebd., S. 165, 15. Oktober 1914, und S. 189, 29. Oktober 1914). Im November und Dezember 1914 wurden offiziell verzeichnet: ein ziviles Opfer durch den britischen Flugzeugangriff auf Friedrichshafen am 21. November (ebd., S. 238 f.), zwei Einwohner in Nancy durch Bomben aus einem deutschen Luftschiff sowie 15 getötete Personen durch einen deutschen Flugzeugangriff auf Dünkirchen (ebd., S. 319, 31. Dezember 1914, und S. 322, 1. Januar 1915).

178 »On arriving at Cologne I found a thick mist.« Bericht Grey, CAB 37/121/127.

179 Kölner Local=Anzeiger, Freitag, 9. Oktober 1914, Titelseite; Kölnische Volkszeitung, Morgen-Ausgabe, 9. Oktober 1914, S. 2.

180 »I had been given two different positions for the airship sheds, one on the north-west and one to the south of the town.« Bericht Grey, CAB 37/121/127.

181 Ebd.; vgl. Castle, Raids, S. 28.

182 »I now hear they are on the east side of the Rhine, but I do not know if this is correct.« Bericht Grey, CAB 37/121/127; und The National Archives, Kew, AIR 1/671: Grey an Sueter, zit. n. Pollard, Air Service, S. 15. Über dieses kuriose Gerücht kann man nur spekulieren. Möglicherweise war der Übungsplatz in der Wahner Heide gemeint, oder die Briten hat-

ten von Plänen zum Bau einer großen Luftschiffhalle in Troisdorf-Spich erfahren, der jedoch erst im Dezember 1914 begann und 1915 den Betrieb aufnahm.

183 »Failing to locate the sheds, I considered the best point to attack would be the main station in the middle of the town.« Bericht Grey, CAB 37/121/127.

184 »[…] where I saw many trains drawing up, so let fall my two bombs in this.« Ebd.; vgl. auch Castle, Raids, S. 21.

185 Hierfür sind Greys Aussagen die entscheidende Quelle gewesen, die Eingang in die Akten des britischen Kabinetts gefunden hat; vgl. die offizielle britische Kriegsgeschichtsschreibung von 1922: Raleigh, War, S. 389 ff.; vgl. dem folgend auch Jones, Origins, S. 57; Boyne, Influence, S. 102; Warner, Aircraft, S. 82; Bruce, Sopwith, S. 736; Blank, Luftkrieg, S. 4.

186 Vgl. Hartmann, Clément-Bayard, S. 26. Ab dem 30. August befand sich das Große Hautquartier in Luxemburg und ab dem 25. September in Charleville-Mezières; vgl. Dorfey, Koblenz, S. 13—20.

187 Kriegs-Depeschen, »Nach dem Ausbruch des Krieges«, S. 143 (8. Oktober 1914); Kölner Local=Anzeiger, Freitag, 9. Oktober 1914, Titelseite; Rheinische Zeitung, 9. Oktober 1914, S. 2.

188 Ein feindliches Flugzeug über Köln, in: Extra-Blatt der Kölnischen Zeitung, Nr. 178, Donnerstag, 8. Oktober 1914.

189 Über den Luftangriff auf Köln wurde in der Kölner Presse ausführlich berichtet. Der Verfasser dankt der Universitäts- und Stadtbibliothek Köln und Herrn Volker Standt, Köln, dafür, diese bislang nicht ausgewerteten Quellen zugänglich gemacht zu haben: Extra=Blatt der Kölnischen Zeitung, Nr. 178, Donnerstag, 8. Oktober 1914; Kölner Tageblatt, Freitag, 9. Oktober 1914, Titelseite; Kölner Local=Anzeiger, 9. Oktober 1914, Titelseite; Stadt-Anzeiger zur Kölnischen Zeitung, Morgen-Ausgabe, 9. Oktober 1914, Zweites Blatt; Kölnische Zeitung, Erste Morgen-Ausgabe, 9. Oktober 1914, Titelseite; Kölnische Volkszeitung, Morgen-Ausgabe, 9. Oktober 1914, S. 2; Kölnische Volkszeitung, Abend-Ausgabe, 9. Oktober 1914, S. 4; Rheinische Zeitung, 9. Oktober 1914, S. 2; Kölnische Zeitung, Abend-Ausgabe, 9. Oktober 1914, Titelseite; Stadt-Anzeiger zur Kölnischen Zeitung, Abend-Ausgabe, 9. Oktober 1914, Zweites Blatt; Kölner Tageblatt, Morgen-Ausgabe, Samstag, 10. Oktober

1914, Titelseite; Kölnische Zeitung, Erste Morgen-Ausgabe, Sonntag, 11. Oktober 1914, Titelseite (Leitartikel); Kölner Local=Anzeiger, Montag, 12. Oktober 1914, Titelseite.

190 Zu diesem Dilemma vgl. Castle, Raids, S. 22.

191 Extra=Blatt der Kölnischen Zeitung, Nr. 178, Donnerstag, 8. Oktober 1914.

192 Kölner Local=Anzeiger, Freitag, 9. Oktober 1914, Titelseite.

193 Stadt-Anzeiger zur Kölnischen Zeitung, Abend-Ausgabe, Freitag, 9. Oktober 1914, Zweites Blatt; vgl. auch Kölnische Zeitung, Abend-Ausgabe, 9. Oktober 1914, Titelseite; weitere Augenzeugenberichte in: Kölnische Volkszeitung, Morgen-Ausgabe, 9. Oktober 1914, S. 2; Stadt-Anzeiger zur Kölnischen Zeitung, Abend-Ausgabe, 9. Oktober 1914, Zweites Blatt.

194 Stadt-Anzeiger zur Kölnischen Zeitung, Abend-Ausgabe, Freitag, 9. Oktober 1914, Zweites Blatt.

195 Ebd.; vgl. Kölnische Zeitung, Abend-Ausgabe, Freitag, 9. Oktober 1914, Titelseite; Kölnische Zeitung, Erste Morgen-Ausgabe, 9. Oktober 1914, Titelseite; Kölnische Volkszeitung, Morgen-Ausgabe, 9. Oktober 1914, S. 2; Kölner Tageblatt, Morgen-Ausgabe, Samstag, 10. Oktober 1914, Titelseite.

196 Stadt-Anzeiger zur Kölnischen Zeitung, Abend-Ausgabe, Freitag, 9. Oktober 1914, Zweites Blatt.

197 Vgl. Dreher, Mayer und Rinz, Luftfahrt, S. 20; Suntrop, Chronik, www.koelner-luftfahrt.de/1900_start.htm (22. März 2014).

198 Stadt-Anzeiger zur Kölnischen Zeitung, Abend-Ausgabe, Freitag, 9. Oktober 1914, Zweites Blatt.

199 Vgl. Raleigh, War, Kap. 7; Castle, Raids, S. 7.

200 »Erkennungszeichen der französis. Flugzeuge: blau weiß rote Kokarde auf der unteren Seite der Tragflächen.« Telegramm des Oberkommandos der Armee vom 8. August 1914 mit der Bitte um Weiterleitung an die Presse, Landeshauptarchiv Koblenz, Best. 441 Nr. 14885; zit. n. Dorfey, Koblenz, S. 10.

201 Stadt-Anzeiger zur Kölnischen Zeitung, Abend-Ausgabe, Freitag, 9. Oktober 1914, Zweites Blatt; Kölnische Zeitung, Abend-Ausgabe, 9. Oktober 1914, Titelseite.

202 Kölner Local=Anzeiger, Freitag, 9. Oktober 1914, Titelseite; Kölnische Volkszeitung, Morgen-Ausgabe, 9. Oktober 1914, S. 2.

203 Zur Ehrenfelder Gasanstalt vgl. Sonntag, Entwicklung, Nr. 62, 1912, Sp. 574; Neuhaus, Cöln, S. 462 f.; vgl. Blumrath, Gas; Lindemann, Energie, S. 65–99, Plan der Anlage auf S. 76; Rohde, Ballone, S. 365. Erhalten sind heute wenige Einzelbauten, der Rest des Geländes dient als Gewerbepark und Schrottplatz; vgl. Klein-Meynen und Meynen, Wirtschaftsarchitektur, S. 72–75; Wilczek, Ehrenfeld.
204 Stadt-Anzeiger zur Kölnischen Zeitung, Abend-Ausgabe, Freitag, 9. Oktober 1914, Zweites Blatt.
205 Ebd.; Kölnische Zeitung, Abend-Ausgabe, Freitag, 9. Oktober 1914, Titelseite. Heute befindet sich hier die »Live Music Hall«.
206 Kölnische Volkszeitung, Morgen-Ausgabe, Freitag, 9. Oktober 1914, S. 2.
207 Stadt-Anzeiger zur Kölnischen Zeitung, Abend-Ausgabe, Freitag, 9. Oktober 1914, Zweites Blatt; vgl. auch Chronik 1914, S. 77.
208 Stadt-Anzeiger zur Kölnischen Zeitung, Abend-Ausgabe, Freitag, 9. Oktober 1914, Zweites Blatt.
209 Extra=Blatt der Kölnischen Zeitung, Nr. 178, Donnerstag, 8. Oktober 1914; gleichlautend auch in: Stadt-Anzeiger zur Kölnischen Zeitung, Morgen-Ausgabe, Freitag, 9. Oktober 1914, Zweites Blatt; Kölnische Zeitung, Erste Morgen-Ausgabe, 9. Oktober 1914, Titelseite; Rheinische Zeitung, 9. Oktober 1914, S. 2.
210 Bericht Grey, CAB 37/121/127.
211 Stadt-Anzeiger zur Kölnischen Zeitung, Abend-Ausgabe, Freitag, 9. Oktober 1914, Zweites Blatt.
212 Ebd.
213 Kölner Tageblatt, Morgen-Ausgabe, Samstag, 10. Oktober 1914, Titelseite.
214 Stadt-Anzeiger zur Kölnischen Zeitung, Abend-Ausgabe, Freitag, 9. Oktober 1914, Zweites Blatt.
215 Ebd.
216 Kölner Tageblatt, Morgen-Ausgabe, Samstag, 10. Oktober 1914, Titelseite.
217 Vgl. Weingarten, Königsdorf.
218 Stadt-Anzeiger zur Kölnischen Zeitung, Abend-Ausgabe, Freitag, 9. Oktober 1914, Zweites Blatt; Kölner Tageblatt, Morgen-Ausgabe, Samstag, 10. Oktober 1914, Titelseite.
219 Kölner Local=Anzeiger, Freitag, 9. Oktober 1914, Titelseite.

220 Kölner Tageblatt, Morgen-Ausgabe, Samstag, 10. Oktober 1914, Titelseite.
221 Stadt-Anzeiger zur Kölnischen Zeitung, Abend-Ausgabe, Freitag, 9. Oktober 1914, Zweites Blatt.
222 Kölner Tageblatt, Morgen-Ausgabe, Samstag, 10. Oktober 1914, Titelseite.
223 Stadt-Anzeiger zur Kölnischen Zeitung, Abend-Ausgabe, Freitag, 9. Oktober 1914, Zweites Blatt.
224 »I left Antwerp [...] with the intention of attacking the airship sheds at Cologne [...] I had been given two different positions for the airship sheds, one on the north-west and one to the south of the town.« Bericht Grey, CAB 37/121/127.
225 »[...] searching for 10 or 12 minutes under heavy fire [...].« Ebd.; vgl. auch Castle, Raids, S. 21.
226 Kölnische Volkszeitung, Morgen-Ausgabe, Freitag, 9. Oktober 1914, S. 2; vgl. auch Stadt-Anzeiger zur Kölnischen Zeitung, Morgen-Ausgabe, 9. Oktober 1914, Zweites Blatt.
227 Stadt-Anzeiger zur Kölnischen Zeitung, Abend-Ausgabe, Freitag, 9. Oktober 1914, Zweites Blatt.
228 Kölnische Volkszeitung, Morgen-Ausgabe, Freitag, 9. Oktober 1914, S. 2; gleichlautend auch in: Kölner Local=Anzeiger, 9. Oktober 1914, Titelseite.
229 »[...] where I saw many trains drawing up, so let fall my two bombs in this.« Bericht Grey, CAB 37/121/127.
230 Stadt-Anzeiger zur Kölnischen Zeitung, Morgen-Ausgabe, Freitag, 9. Oktober 1914, Zweites Blatt.
231 Grey selbst spricht von »my two bombs«; Bericht Grey, CAB 37/121/127.
232 Stadt-Anzeiger zur Kölnischen Zeitung, Abend-Ausgabe, Samstag, 25. März 1918, Zweites Blatt; vgl. Standt, Köln, S. 380.
233 »I arrived back at Antwerp at 4:45 P.M. and I landed.« Bericht Grey, CAB 37/121/127.
234 Der Begriff der von den deutschen Besatzern in beiden Weltkriegen aufgezwungenen »heure allemande« wurde sprichwörtlich; vgl. De Launay, Belgique.
235 Memorandum, London Gazette, Sonntag, 11. Oktober 1914.

236 Sie lesen sich wie ein »good adventure comic« (Pollard, Air Service, S. 14) – und boten auch tatsächlich sehr viel später den Stoff dazu; vgl. Lusimus. The Radley Broadsheet, Nr. 23, Juni 2011, S. 4–7.

237 »It seems that I had returned just in time.« Lea, Reggie, S. 30. Übereinstimmend – wenngleich knapper und nüchterner – ist der Bericht Greys über Marix' Rückkehr. Demnach habe Marix noch gehofft, am folgenden Tag seine Maschine wieder abzuholen – was die angeordnete Evakuierung Antwerpens verhindert habe: »It was hoped to take out more petrol in an armed car at daylight and recover the machine, but the order to evacuate prevented this.« Bericht Grey, CAB 37/121/127. Zerstört wurden auch beide Maschinen, die Grey nach Köln geflogen hatte, die »Churchill« Nr. 147 und die Sopwith Nr. 167; vgl. Lea, Reggie, S. 25–30; Castle, Raids, S. 26 ff.; Pollard, Air Service, S. 14 f.; Sturtivant und Page, Serials, S. 39.

238 Vgl. Pollard, Air Service, S. 15.

239 »[...] but they lost their aeroplanes.« Aeroplane Raid into Germany, in: The London Standard, Samstag, 10. Oktober 1914, S. 7; vgl. auch Evening Post, Bd. 88, Nr. 127, Mittwoch, 25. November 1914, S. 8.

240 »[...] in every respect remarkable, having regard to the distance – over a hundred miles – penetrated into country held by the enemy.« The London Standard, Samstag, 10. Oktober 1914, S. 7.

241 Ebd.

242 »L'exploit de ces officiers est très remarquable, étant donné la distance qu'ils ont dû parcourir sur terrain hostile, et aussi la surveillance, étroite des ennemis, déjà mis en garde par une attaque précédente.« Le Temps, Sonntag, 11. Oktober 1914, Titelseite; vgl. auch ebd., Mittwoch, 7. Oktober 1914, Titelseite; Samstag, 10. Oktober 1914, Titelseite; Le Petit Parisien, 10. Oktober 1914, Titelseite; Le Temps, Mittwoch, 14. Oktober 1914, Titelseite.

243 Die Rede ist von »british aerial raids« und »aeroplanes sheds«; Evening Post, Bd. 88, Nr. 127, Mittwoch, 25. November 1914, S. 8, allerdings mit der falschen Datierung »23rd September«.

244 »[...] into the enemy's country [...].« Ebd.

245 »[...] it is certain, that our Naval Air Division is prepared to emulate the deeds of Lieutenants Collet and Spenser Grey and their comrades.« Ebd., auch unter Berufung auf den »Naval Correspondent« der *Times*.

246 Zit. n. Erster Weltkrieg, Zeitzeugnisse, S. 39. Der zitierte Artikel in der Euskirchener Volkszeitung erschien zwar erst 1934, beruhte aber auf Aufzeichnungen von 1914; vgl. ebd.

247 Kriegs-Depeschen, »Nach dem Ausbruch des Krieges«, S. 143, 8. Oktober 1914.

248 Stadt-Anzeiger zur Kölnischen Zeitung, Abend-Ausgabe, Freitag, 9. Oktober 1914, Zweites Blatt.

249 Artikel der Norddeutschen Allgemeinen Zeitung; zit. im Leitartikel der Kölnischen Zeitung, Erste Morgen-Ausgabe, Sonntag, 11. Oktober 1914, Titelseite.

250 Ebd.

251 Zit. n. Erster Weltkrieg, Zeitzeugnisse, S. 39.

252 »[...] the occurrence produced great consternation in Berlin, as they did not believe such a raid was possible for a British Aviator.« Vermerk Sueter, AIR 1/2549.

253 »As a result the Germans seized the English Clerks at the American Embassy, believing that they had informed us.« Ebd.

254 Vgl. Castle, Raids, S. 29.

255 Stadt-Anzeiger zur Kölnischen Zeitung, Abend-Ausgabe, Freitag, 9. Oktober 1914, Zweites Blatt; Kölnische Zeitung, Abend-Ausgabe, 9. Oktober 1914, Titelseite.

256 Vgl. Altertumsfunde in der Luxemburger Straße, verkauft von dem Bauherrn an den Händler Alfred Werther, Rückforderung durch die Stadt (HAStK Best. 608 Kulturdezernat, A 263, Geschenke und Ankäufe 1890–1893); Kaufangebote germanischen Goldschmucks, einer römischen Glasbüste und eines römischen Elfenbeinstabs durch Werther (HAStK Best. 608 Kulturdezernat, A 260, Geschenke und Ankäufe 1893–1899); Ablehnung des Kaufangebots eines Eifelbildes von Fritz von Wille (HAStK Best. 608 Kulturdezernat, A 197, Geschenke und Ankäufe 1907–1911); rechtliche Auseinandersetzung der Stadt Köln mit dem Kunsthändler Alfred Werther über Besitzansprüche an dem in der Zeppelinstraße entdeckten antiken Mosaikboden 1912–1915 (HAStK Best. 608 Kulturdezernat, A 32, Auffinden von Altertümern 1912–1923).

257 Inventarbuch, Kölnisches Stadtmuseum, Zugangsverzeichnis des Historischen Museums der Stadt Köln 1909–1918, 1915: »Zünder«, Stahl,

ca. L 17 cm, D 3 cm, Inv.-Nr. HM 1915/84; »Wandstück der Bombe«, Inv.-Nr. HM 1915/85; »Sprengstücke der Bombe«, Inv.-Nr. HM 1915/86.
258 Inventarbuch, Kölnisches Stadtmuseum, Zugangsverzeichnis des Historischen Museums der Stadt Köln 1909–1918, 1915, Nr. 84 ff. (das Datum ist unleserlich).
259 »[...] somewhere on route [...].« Castle, Raids, S. 14.
260 Vgl. Kramp, Zünder. Das Kölnische Stadtmuseum verfügt über weitere Fragmente von Bomben, die im Ersten Weltkrieg über Köln abgeworfen wurden – jedoch erst im Jahr 1918; Inv.-Nr. HM 1918/93, 1918/110, 1918/111a-d.
261 Stadt-Anzeiger zur Kölnischen Zeitung, Abend-Ausgabe, Samstag, 7. Juli 1917, Zweites Blatt; vgl. Standt, Köln, S. 295.
262 Kölner Tageblatt, Morgen-Ausgabe, Samstag, 10. Oktober 1914, Titelseite.
263 Stadt-Anzeiger zur Kölnischen Zeitung, Abend-Ausgabe, Freitag, 9. Oktober 1914, Zweites Blatt.
264 Eine »20 lbs Hales Aircraft Bomb« mit dieser Aufschrift ist im Londoner Imperial War Museum erhalten, Inv.-Nr. MUN 3255; vgl. www.iwm.org.uk/collections/item/object/30023689 (24. April 2014).
265 Kriegs-Depeschen, »Nach dem Ausbruch des Krieges«, S. 143, 8. Oktober 1914; Stadt-Anzeiger zur Kölnischen Zeitung, Abend-Ausgabe, Freitag, 9. Oktober 1914, Zweites Blatt.
266 Kölnische Zeitung, Erste Morgen-Ausgabe, Sonntag, 11. Oktober 1914, Titelseite (Leitartikel).
267 Stadt-Anzeiger zur Kölnischen Zeitung, Morgen-Ausgabe, Freitag, 9. Oktober 1914, Zweites Blatt; gleichlautend auch in: Kölnische Zeitung, Erste Morgen-Ausgabe, 9. Oktober 1914, Titelseite.
268 Ernst Lissauer: Haßgesang gegen England, in: Worte in der Zeit, Flugblätter, Göttingen und Berlin 1914.
269 Stadt-Anzeiger zur Kölnischen Zeitung, Morgen-Ausgabe, Freitag, 9. Oktober 1914, Zweites Blatt.
270 Ebd.; gleichlautend auch in: Kölnische Zeitung, Erste Morgen-Ausgabe, Freitag, 9. Oktober 1914, Titelseite.
271 Le Temps, Mittwoch, 14. Oktober 1914, Titelseite, unter Berufung auf den Korrespondenten der *Times* in Kopenhagen.

272 Vgl. Münkler, Krieg, S. 533–545; Hirschfeld und Krumeich, Deutschland, S. 207.
273 Stadt-Anzeiger zur Kölnischen Zeitung, Morgen-Ausgabe, Freitag, 9. Oktober 1914, Zweites Blatt.
274 Rheinische Zeitung, Freitag, 9. Oktober 1914, S. 2.
275 Stadt-Anzeiger zur Kölnischen Zeitung, Morgen-Ausgabe, Freitag, 9. Oktober 1914, Zweites Blatt.
276 Kölnische Zeitung, Erste Morgen-Ausgabe, Sonntag, 11. Oktober 1914, Titelseite (Leitartikel); gleichlautend auch in: Kölner Local=Anzeiger, Montag, 12. Oktober 1914, Titelseite.
277 Lehmann, Luftpatrouille, S. 52.
278 Ebd.
279 Ebd. Diese Vermutung der Deutschen war korrekt; vgl. Castle, Raids, S. 14 und 21; vgl. auch die Angaben zur Flugzeit in: Memorandum, London Gazette, Sonntag, 11. Oktober 1914.
280 Lehmann berichtete, wie er 1917 mit dem Luftschiff Z 98 einen Umweg von etwa 350 Kilometern in Kauf nahm, um von Norddeutschland kommend einen Angriff auf Dover zu fahren, ohne den Luftraum der Niederlande zu verletzen; vgl. Lehmann, Luftpatrouille, S. 159 f.
281 Vgl. Kuropka, Luftkriegskonzeption, S. 16–19.
282 »[...] across mountainous country [...].« Evening Post, Bd. 88, Nr. 127, Mittwoch, 25. November 1914, S. 8.
283 Lehmann, Luftpatrouille, S. 53.
284 »[...] tell them to go milk their cows.« Zit. n. Morrow, War, S. 81.
285 Grey erwähnt nur den Hauptbahnhof (»the main station in the middle of the town«); Bericht Grey, CAB 37/121/127.
286 Vor dem Krieg ohnehin, und sogar noch 1915/16; vgl. Neuhaus, Cöln, S. 462 f. und beigefügter Faltplan.
287 Reuther, Köln, Nr. 500-3, S. 601; vgl. auch Hirschfeld und Krumeich, Deutschland, S. 71; Münkler, Krieg, S. 110. Zwischen dem 2. und dem 18. August 1914, in der Hochphase des Aufmarschs an der Westfront, passierten 2150 Züge mit je 54 Waggons die Hohenzollernbrücke; vgl. Keegan, Weltkrieg, S. 116.
288 Kölner Tageblatt, Morgen-Ausgabe, Samstag, 10. Oktober 1914, Titelseite.

289 Bericht Grey, CAB 37/121/127, verfasst am 17. Oktober, gedruckt für das britische Kabinett am 19. Oktober 1914.
290 Memorandum, London Gazette, Sonntag, 11. Oktober 1914.
291 »[...] succesfully located and hit it with their bombs [...].« Evening Post, Bd. 88, Nr. 127, Mittwoch, 25. November 1914, S. 8.
292 »La première se rendit à Cologne et vola au-dessus de la ville pendant une heure et demie, mais en raison du brouillard, et ne pouvant reconnaître l'emplacement des hangars des Zeppelins, elle ne lança aucune bombe, pour ne pas endommager les églises ou les maisons particulières.« Le Petit Parisien, Samstag, 26. September 1914, S. 3; gleichlautend: Le Temps, 26. September 1914, S. 1.
293 »D'ailleurs, leur vandalisme ne s'explique que par l'état maladif de leurs nerfs. Que dirait-on de nous, Français, si nous bombardions la cathédrale de Cologne ou le dôme de Munster?« Le Figaro, Sonntag, 22. November 1914, S. 3.
294 Stadthistorisches Museum Leipzig, Inv.-Nr. MS/4010/2005.
295 So der Landtagsabgeordnete Professor Richard Eickhoff im Artikel »Offene« Städte, in: Kölnische Zeitung, Freitag, 4. Dezember 1914.
296 »[...] on Paris and Antwerp [...] The German aviators made such promiscuous use of their bombs that women, children, and non-combatants were killed or injured in nonmilitary locations.« Evening Post, Bd. 88, Nr. 127, Mittwoch, 25. November 1914, S. 8.
297 Vgl. Robinson, Zeppelin, S. 55 f.; Münkler, Krieg, S. 530 f.
298 Vgl. Kuropka, Luftkriegskonzeption, S. 16–19.
299 Vgl. Kuropka, Luftkriegskonzeption; Jones, Origins; Gollin, Impact; Blank, Luftkrieg; Boyne, Influence; Geinitz, Air War; Jones, Bomben; Potempa, Luft; Neitzel, Bombenkrieg, S. 80; Leonhard, Büchse, S. 463 ff.
300 Die Arbeiten von Oepen-Domschky, Köln, und Standt, Köln, beziehen dieses Thema am Rande mit ein, die Kriegsgeschichte von Reuther, Köln, gibt nur wenige Aufschlüsse zum Luftkrieg der Jahre 1914–1916 und blieb unveröffentlicht. Das Thema wird im Rahmen der von November 2014 bis April 2015 präsentierten Ausstellung des Kölnischen Stadtmuseums, des Museums für Angewandte Kunst Köln und der Stiftung Rheinisch-Westfälisches Wirtschaftsarchiv zu Köln und im entsprechen-

den Begleitband (Köln 1914. Metropole im Westen, hg. von Petra Hesse, Mario Kramp und Ulrich S. Soénius) erneut eine Rolle spielen.

301 Kölnische Zeitung, Erste Morgen-Ausgabe, Sonntag, 11. Oktober 1914, Titelseite (Leitartikel); gleichlautend auch in: Kölner Local=Anzeiger, Montag, 12. Oktober 1914, Titelseite.

302 Stadt-Anzeiger zur Kölnischen Zeitung, Montag, 17. Januar 1916.

303 Beines, Esch, S. 19 ff. Der Verfasser dankt Johannes Ralf Beines für den Hinweis auf diesen nahezu unbekannten Vorfall.

304 Zur »Nuit des Zeppelins« in der Nacht vom 29. auf den 30. Januar 1916 vgl. Pignot, Paris, S. 76–83.

305 Daudets Buch erschien zwar erst 1918 (Léon Daudet: La guerre totale, Paris 1918), doch nutzte er den Begriff seit Februar 1916; vgl. Neitzel, Bombenkrieg, S. 80.

306 VSVV, 31. Mai 1918, S. 233. Zum Luftangriff vom 18. Mai 1918 vgl. Reuther, Köln, S. 904–923, Nr. 500-5; Standt, Köln, S. 381–388.

307 VSVV, 31. Mai 1918, S. 238.

308 Ebd., S. 240 f.

309 Ebd., S. 240 ff.

310 Vgl. Kuropka, Luftkriegskonzeption, S. 12 f.; Neitzel, Bombenkrieg, S. 80; Morrow, War, S. 310–328; Jones, Origins, S. 172–202.

311 Vgl. Kaufmann, Raumrevolution; Neitzel, Bombenkrieg, S. 80.

312 Stadt-Anzeiger zur Kölnischen Zeitung, Morgen-Ausgabe, Freitag, 9. Oktober 1914, Zweites Blatt.

313 »The power of the air should be reserved to the League of Nations for the purpose of maintaining world peace against aggression.« Churchill, Crisis, Bd. 4, S. 12.

314 »[...] awarded his D.S.O. for bombing the military railway station at Cologne from 600ft. in October, 1914 [...].« Death of Lieut. Col. Spenser Grey, in: Flight, Nr. 32, 14. Oktober 1937, S. 386.

315 Zu dieser Kontinuität vgl. den Überblick von Neitzel, Bombenkrieg.

Quellen und ausgewählte Literatur

Quellen

Landesarchiv NRW, Abteilung Rheinland, Bestand BR 9, Nr. 7576: Geheimsachen der Polizei, Bd. 9, Blatt 1372 und 1487.
Landeshauptarchiv Koblenz, Best. 441 Nr. 14885 und Best. 403 Nr. 5378.
Großbritannien: The National Archives, Kew, AIR 1/671.
Bericht Grey, CAB 37/121/127 Großbritannien: The National Archives, Kew CAB 37/121/127, Air-Raid on Dusseldorf and Cologne (Bericht des Piloten Spenser Grey an Sir Murray Fraser Sueter, Director of the Admiralty Air Department, für das britische Kabinett).
Vermerk Sueter, AIR 1/2549 Großbritannien: The National Archives, Kew AIR 1/2549, Raid on Dusseldorf and Cologne 1914 Oct. (Vermerk für Sir Murray Fraser Sueter, Director of the Admiralty Air Department).
Churchill Papers, Churchill College, Cambridge, CHAR 13/41 und 13/58.
Gefechtsbericht von Dücker, BArch, RH 18/1877 Gefechtsbericht des Zeppelins »Cöln« zum Kampf über Lüttich vom 5. zum 6. August 1914, Bundesarchiv, Abt. Militärarchiv Freiburg, Bestand RH 18 Chef der Heeresarchive, BArch RH 18/1877, S. 1 f.
Reuther, Köln Heinrich Reuther: Die Stadt Köln im Ersten Weltkrieg (Köln 1931) Typoskript, Historisches Archiv der Stadt Köln: HAStK, Best. 7030, Chroniken und Darstellungen, Nr. 500-1 bis 500-7.
Kriegs-Depeschen Amtliche Kriegs-Depeschen. Nach Berichten des Wolff'schen Telegr. Bureaus, Bd. 1, 1. August 1914 – 31. Januar 1915, Berlin o. D. (1915); https://archive.org/details/amtlichekriegsde01contuoft (19. März 2014).
VSVV Verhandlungen der Stadtverordneten=Versammlung zu Cöln, Köln 1918, Bibliothek des Kölnischen Stadtmuseums.
Memorandum, London Gazette Memorandum by the Director of the Air Department, Admiralty, in: London Gazette, Sonntag, 11. Oktober 1914.

Presse

Antwerpen: La Metropole.
Auckland: The New Zealand Herald.
Köln: Stadt-Anzeiger zur Kölnischen Zeitung; Kölnische Zeitung; Extra=Blatt der Kölnischen Zeitung; Kölner Tageblatt; Kölner Local=Anzeiger; Kölnische Volkszeitung; Rheinische Zeitung.
London: Evening Post; The London Standard.
Melbourne: The Argus.
Nottingham: Nottingham Daily Express.
Paris: Le Matin; L'Humanité; Le Figaro; Le Temps; Le Petit Parisien; L'Illustration.

Literatur

Aders, Hintergründe Gebhard Aders: Hintergründe und Ablauf, in: Köln, 31. Mai 1942: Der 1000-Bomber-Angriff, hg. vom NS-Dokumentationszentrum der Stadt Köln in Verbindung mit dem Verein EL-DE-Haus, bearb. von Martin Rüther (Kölner Schriften zur Geschichte und Kultur, hg. von Georg Mölich, Bd. 18), Köln 1992, S. 9–54.

Aders, Luftkrieg Gebhard Aders-Albert: Der Luftkrieg gegen Köln – Legenden und Tatsachen, in: Jahrbuch des Kölnischen Geschichtsvereins, Bd. 75, 2004, S. 143–196.

Aders, Luftkriegsplanungen Gebhard Aders: Britische Luftkriegsplanungen bis 1939, in: Martin Rüther: Köln im Zweiten Weltkrieg. Alltag und Erfahrungen zwischen 1939 und 1945. Darstellungen – Bilder – Quellen (Schriften des NS-Dokumentationszentrums der Stadt Köln, Bd. 12), Köln 2005, S. 41 f.

Afflerbach, Kaiser Holger Afflerbach (Bearb.): Kaiser Wilhelm II. als Oberster Kriegsherr im Ersten Weltkrieg. Quellen aus der militärischen Umgebung des Kaisers 1914–1918 (Deutsche Geschichtsquellen des 19. und 20. Jahrhunderts, hg. von der Historischen Kommission der Bayerischen Akademie der Wissenschaften durch Klaus Hildebrand, Bd. 64), München 2005.

Altenhöner, Kommunikation Florian Altenhöner: Kommunikation und Kontrolle. Gerüchte und städtische Öffentlichkeiten in Berlin und London 1914/1918, München 2008.

Beines, Esch Johannes Ralf Beines: Esch, alte Bauten, Teil 5: Der Kirchhof in Esch (Fortsetzung), in: Esch aktuell. Die Dorfgemeinschaft informiert, Nr. 212, Dezember 2007, S. 15–24.

Blank, Luftkrieg Ralf Blank: Strategischer Luftkrieg gegen Deutschland 1914–1918, in: Clio-Online (Themenportal Erster Weltkrieg), 2004, www.ersterweltkrieg.clio-online.de/_Rainbow/documents/einzelne/Luftkrieg14_181.pdf (18. März 2014).

Blumrath, Gas Fritz Blumrath: Gas-, Elektrizitäts- und Wasserwerke der Stadt Köln, hg. zur 1900-Jahrfeier der Stadt Köln, Köln 1950.

Böhlke, Flughäfen Thomas Böhlke: Die Flughäfen in Köln – vom Butzweilerhof bis zum Flughafen Köln/Bonn in Wahn, in: Jahrbuch des Kölnischen Geschichtsvereins, Bd. 75, 2004, S. 197–252.

Boyne, Influence Walter J. Boyne: The Influence of Air Power upon History, Gretna, Louisiana, 2003.

Bruce, Sopwith J. M. Bruce: The Sopwith Tabloid, Schneider and Baby. Historic Military Aircraft No. 17, in: Flight, Bd. 72, Part I, S. 733–736; Part II, S. 765 f.; Part IV, S. 845–848.

Cabanes und Duménil, Weltkrieg Bruno Cabanes und Anne Duménil (Hg.): Der Erste Weltkrieg. Eine europäische Katastrophe, Darmstadt 2013 (französisches Original: Larousse de la Grande Guerre, Paris 2007).

Castle, Raids Ian Castle: The Zeppelin Base Raids – Germany 1914 (Raid, Bd. 18), Oxford 2011.

Chickering, Freiburg Roger Chickering: Freiburg im Ersten Weltkrieg, Paderborn 2009.

Chickering, Reich Das Deutsche Reich und der Erste Weltkrieg, München 2002.

Chronik 1914 Chronik der Stadt Köln vom 1. Oktober 1914 bis 30. September 1915, in: Alt=Köln=Kalender, hg. vom Verein »Alt=Köln« e. V. unter der Redaktion von Dr. Josef Bauer, Bd. 4, 1916, S. 77–80.

Churchill, Crisis Winston Churchill: The War Crisis, Bd. 1, London 1923; Bd. 4, London 1929.

Cohen, Schlaglichter Laurie R. Cohen: Schlaglichter auf die deutsche und europäische Friedensbewegung vor 1914. Schwestern auf beiden Seiten des Rheins, in: Schleper, Aggression, S. 302–307.

De Launay, Belgique Jacques De Launay: La Belgique à l'heure allemande, Paris 1977.

Dorfey, Koblenz Beate Dorfey: »...und der Kriegsgott verteilt blutrote Lorbeeren«. Koblenz im Ersten Weltkrieg, in: Kaiser – Koblenz – Krieg, S. 1–41.

Dorfey, Kriegsgott Beate Dorfey: »...und der Kriegsgott verteilt blutrote Lorbeeren«. Koblenz im Ersten Weltkrieg, Typoskript 2014 (erscheint unter www.rheinische-geschichte.lvr.de).

Dorfey, Trier Beate Dorfey: Die Stadt an der Front: Trier im Ersten Weltkrieg 1914–1918, Typoskript 2014 (erscheint unter www.rheinische-geschichte.lvr.de).

Dreher, Mayer und Rinz, Luftfahrt Bernd Dreher, Edgar Mayer und Bodo Rinz: 80 Jahre zivile Luftfahrt Köln. Eine Erfolgsgeschichte, hg. von Flughafen Köln/Bonn und Stiftung Butzweilerhof Köln, Köln 2006.

Erster Weltkrieg, Zeitzeugnisse Der Erste Weltkrieg in regionalen Zeitzeugnissen, Jahrbuch des Geschichtsvereins des Kreises Euskirchen, Nr. 22, 2008, S. 39.

Ferro, Guerre Marc Ferro: La Grande Guerre 1914–1918, Paris 1990.

Fischer, Griff Fritz Fischer: Griff nach der Weltmacht. Die Kriegszielpolitik des kaiserlichen Deutschland 1914/18, Düsseldorf 1984 (Nachdruck der Sonderaufl. von 1967).

Gardiner, Bombers Ian Gardiner: The Flatpack Bombers. The Royal Navy and the Zeppelin Menace, Barnsley 2009.

Geinitz, Air War Christian Geinitz: The First Air War against Noncombatants. Strategic Bombing of German Cities in World War I., in: Roger Chickering und Stig Förster (Hg.): Great War, Total War. Combat and Mobilization on the Western Front, 1914–1918, Cambridge 2000.

Geiss, Juli Immanuel Geiss (Hg.): Juli 1914. Die europäische Krise und der Ausbruch des Ersten Weltkriegs, 2. Aufl., München 1980.

Görlitz, Kaiser Walter Görlitz (Hg.): Regierte der Kaiser? Kriegstagebücher, Aufzeichnungen und Briefe des Chefs des Marine-Kabinetts Admiral Georg Alexander von Müller 1914–1918, Göttingen, Berlin und Frankfurt am Main 1959.

Gollin, Impact Alfred M. Gollin: The Impact of Air Power on the British People and Their Government, 1909–1914, Stanford 1989.

Gruber und Klaus, Suttner Laura Gruber und Elisabeth Klaus: »Die Waffen nieder« – Bertha von Suttners Leben gegen den Krieg, in: Einsichten und Perspektiven. Bayerische Zeitschrift für Politik und Geschichte, Nr. 1, 2014, S. 40–51.

Hacker, Erinnerungen Georg Hacker: »Die Männer von Manzell«. Erinnerungen des ersten Zeppelin-Kapitäns, Frankfurt am Main 1936.
Haffner, Churchill Sebastian Haffner: Winston Churchill, 20. Aufl., Reinbek 2007.
Hamann, Suttner Brigitte Hamann: Bertha von Suttner. Kämpferin für den Frieden, Wien 2013.
Hartmann, Clément-Bayard Gérard Hartmann: Clément-Bayard, sans peur et sans reproche, o. D. (2006), www.hydroretro.net/etudegh/clement-bayard.pdf (30. Juni 2014).
Hartmann, Terreur Gérard Hartmann: Terreur sur la ville, 9. Oktober 2006, www.hydroretro.net/etudegh/terreursurlaville.pdf (21. März 2014).
Haude, Grenzflüge Rüdiger Haude: Grenzflüge. Politische Symbolik der Luftfahrt vor dem Ersten Weltkrieg. Das Beispiel Aachen, Köln und Weimar 2007.
Haude, Zeppelin Rüdiger Haude: »Mein lieber, böser Zeppelin«. Die Zeppelinfahrten über Aachen vor dem Ersten Weltkrieg, in: Zeppelin Museum Friedrichshafen. Wissenschaftliches Jahrbuch, 2002, S. 8–33.
Heinrichs, Luftschiffangriff Hubert Heinrichs: Vor 25 Jahren. Der erste Luftschiffangriff in der Kriegsgeschichte, in: Mittelrheinische Landes=Zeitung Bonn, Samstag, 5. August 1939.
Herwig, Marne Holger H. Herwig: The Marne 1914. The Opening of World War I and the Battle that Changed the World, New York 2011.
Hilger, Erfahrung Susanne Hilger: Erfahrung von Beschleunigung. Mobilität und Moderne im Rheinland am Vorabend des Ersten Weltkriegs, in: Schleper, Aggression, S. 240–249.
Hirschfeld, Krumeich und Renz, Enzyklopädie Gerhard Hirschfeld, Gerd Krumeich und Irena Renz (Hg.): Enzyklopädie Erster Weltkrieg, Paderborn 2003.
Hirschfeld und Krumeich, Deutschland Gerhard Hirschfeld und Gerd Krumeich: Deutschland im Ersten Weltkrieg, Frankfurt am Main 2013.
Holman, War Brett Holman: The Next War in the Air: Civilian Fears of Strategic Bombardment in Britain, 1908–1941, Diss. University of Melbourne 2009 (im Druck unter dem Titel: The Next War. Britain's Fear oft the Bomber, Ashgate 2014).

Innerhofer, Science Fiction Roland Innerhofer: Deutsche Science Fiction 1870–1914: Rekonstruktion und Analyse der Anfänge einer Gattung (Literatur in der Geschichte, Bd. 38), Wien 1996.

Jones, Bomben Heather Jones: Bomben auf London, in: Cabanes und Duménil, Weltkrieg, S. 283–290.

Jones, Origins Neville Jones: The Origins of Strategic Bombing. A Study of the Development of British Air Strategic Thought and Practice up to 1918, London 1973.

Kaiser – Koblenz – Krieg Kaiser – Koblenz – Krieg. 1914 an Rhein und Mosel, Katalog zur Ausstellung des Landeshauptarchivs Koblenz, bearb. von Beate Dorfey und Christine Goebel (Veröffentlichungen der Landesarchivverwaltung Rheinland-Pfalz, Bd. 119, hg. von Elsbeth Andre), Koblenz 2014.

Kaufmann, Raumrevolution Stefan Kaufmann: Raumrevolution – Die militärischen Raumauffassungen zwischen dem Ersten und dem Zweiten Weltkrieg, in: Rother, Weltkrieg, S. 42–49.

Keegan, Weltkrieg John Keegan: Der Erste Weltkrieg. Eine europäische Tragödie, Reinbek 2013.

Kennan, Decline George F. Kennan: The Decline of Bismarck's European Order. Franco-Russian Relations, 1875–1890, Princeton 1979.

Kennett, War Lee Kennett: The First Air War 1914–1918, New York u. a. 1991.

Killduff, Air Force Peter Killduff: Germany's First Air Force 1914–1918, London 1991.

Klein-Meynen und Meynen, Wirtschaftsarchitektur Dieter Klein-Meynen und Henriette Meynen: Kölner Wirtschaftsarchitektur von der Gründerzeit bis zum Wiederaufbau, Köln 1996.

Klinker, Heimatkunde W. Klinker: Heimatkunde des Stadtkreises Cöln, Köln 1911.

Kramp, Zünder Mario Kramp: Kleiner Zünder – verheerende Folgen, in: ders. (Hg.): 125 Jahre Kölnisches Stadtmuseum. 125 mal gekauft – geschenkt – gestiftet, Katalog zur Jubiläumsausstellung im Kölnischen Stadtmuseum, 22. Juni bis 10. November 2013, Köln 2013, S. 70 f.

Kraus, Apokalypse Karl Kraus: Apokalypse. Offener Brief an das Publikum (Oktober 1908), in: ders., Werke, Bd. 8: Der Untergang der Welt durch schwarze Magie, hg. von Heinrich Fischer, München 1960, S. 11–23.

Krause, Luftfahrtgeschichte Thorsten Krause: Die Luftfahrtgeschichte von Köln und der Region, Teil 1: Die Anfänge der Ballon- und Luftschifffahrt in Köln bis 1912, in: Pulheimer Beiträge zur Geschichte und Heimatkunde, Nr. 26, 2002, S. 197–231.

Krumeich, Juli Gerd Krumeich: Juli 1914. Eine Bilanz. Mit einem Anhang: 50 Schlüsseldokumente zum Kriegsausbruch, Paderborn 2014.

Kuropka, Luftkriegskonzeption Joachim Kuropka: Die britische Luftkriegskonzeption gegen Deutschland im Ersten Weltkrieg, in: Militärgeschichtliche Mitteilungen, Bd. 27, Nr. 1, 1980, S. 7–24.

Langen, Frauensport Gabi Langen (Hg.): Vom Handstand in den Ehestand. Frauensport im Rheinland bis 1945, Deutsches Sportmuseum Köln, Köln 1997.

Lawson, Campaign Eric and Jane Lawson: The First Air Campaign: August 1914–November 1918, New York 1997.

Lea, Reggie John Lea: Reggie: The Life of Air Vice Marshal R.L.G. Marix, Edinburgh 1994.

Lehmann, Luftpatrouille Ernst A. Lehmann: Auf Luftpatrouille und Weltfahrt. Erlebnisse eines Zeppelinführers in Krieg und Frieden, Leipzig 1936.

Leman, Rapport Gérard Leman: Rapport au Roi sur la défense de Liège en août 1914 (1920), ed. in: ders. (préf. Georges Hautecler), Le Rapport du général Leman sur la défense de Liège en août 1914 (1920), Brüssel 1960.

Leonhard, Büchse Jörn Leonhard: Die Büchse der Pandora. Geschichte des Ersten Weltkriegs, München 2014.

Lindemann, Energie Doris Lindemann: Mit Energie für Köln: 125 Jahre Gas-, Elektrizitäts- und Wasserwerke Köln AG 1872–1997, Köln 1998.

Luftstreitkräfte Mobilmachung, Aufmarsch und erster Einsatz der deutschen Luftstreitkräfte im August 1914 (Kriegsgeschichtliche Einzelschriften der Luftwaffe, Bd. 3), hg. von der Kriegswissenschaftlichen Abteilung der Luftwaffe, bearb. von Elard von Löwenstein, Berlin 1939.

Manfrin und Veyssière, Été Frédéric Manfrin und Laurent Veyssière (Hg.): Été 14. Les derniers jours de l'ancien monde, Begleitbd. zur Ausstellung der Bibliothèque nationale de France, Paris, Paris 2014.

Martel, Aviation René Martel: L'aviation française de bombardement, Paris 1939.

Meynen, Festungsstadt Henriette Meynen (Hg.): Festungsstadt Köln. Das Bollwerk im Westen (Fortis Colonia, Bd. 1), Köln 2010.

Militärluftfahrt Die Militärluftfahrt bis zum Beginn des Weltkrieges 1914, bearb. vom Reichsluftfahrtministerium, Kriegswissenschaftliche Abteilung der Luftwaffe, Berlin 1941.

Morrow, War John H. Morrow Jr.: The Great War in the Air. Military Aviation from 1909 to 1921, Shrewsbury 1993.

Mortane, Dirigeables Jacques Mortane: Les dirigeables tragiques, Paris 1938.

Müller, Bombenkrieg Rolf-Dieter Müller: Der Bombenkrieg 1939–1945, Berlin 2004.

Münkler, Krieg Herfried Münkler: Der Große Krieg. Die Welt 1914–1918, Berlin 2013.

Neitzel, Bombenkrieg Sönke Neitzel: Der Bombenkrieg, in: Ernst Piper (Hg.): Das Zeitalter der Weltkriege, Köln 2014, S. 78–89.

Neuhaus, Cöln Georg Neuhaus: Die Stadt Cöln im ersten Jahrhundert preußischer Herrschaft, 1. Bd., II. Teil, Köln 1916.

Oepen-Domschky, Köln Gabriele Oepen-Domschky: Köln im Ersten Weltkrieg. Ein Manuskript von Heinrich Reuther, in: Thomas Deres, Joachim Oepen und Stefan Wunsch (Hg.): Köln im Kaiserreich. Studien zum Werden einer modernen Großstadt (Geschichte in Köln – Beihefte. Beiträge zur Stadt- und Regionalgeschichte, Bd. 2), Köln 2010, S. 131–155.

Pesquiès-Courbier, Groupe Simone Pesquiès-Courbier: Le groupe de bombardement no I durant la guerre de 1914–1918. Analyse du journal de marche, in: Revue historique des armées, Nr. 3, 1983, S. 89–106.

Pignot, Paris Manon Pignot: 1914–1918. Paris dans la Grande Guerre, Paris 1914.

Pöhlmann, Potempa und Vogel, Weltkrieg Markus Pöhlmann, Harald Potempa und Thomas Vogel (Hg.): Der Erste Weltkrieg 1914–1918. Der deutsche Aufmarsch in ein kriegerisches Jahrhundert, hg. im Auftrag des Zentrums für Militärgeschichte und Sozialwissenschaften der Bundeswehr, München 2014.

Pohl und Wilderrotter, Kaiser Klaus D. Pohl und Hans Wilderrotter (Hg.): Der letzte Kaiser. Wilhelm II. im Exil, Begleitbd. zur Ausstellung im Deutschen Historischen Museum Berlin, Gütersloh 1991.

Pollard, Air Service Bridget Pollard: The Royal Naval Air Service in Antwerp, September–October 1914, in: Mars & Clio. Newsletter of the British Commission for Military History, o. D. (2013), S. 1–15; www.bcmh.org.uk/archive/articles/RNASAntwerpPollard.pdf (16. März 2014).

Potempa, Luft Harald Potempa: Krieg in der Luft, in: Pöhlmann, Potempa und Vogel, Weltkrieg, S. 89–111.

Promber, Kampf Otto Promber (Hg.): Im Kampf ums Vaterland. Einzelbilder interessanter Erlebnisse sowie Schilderungen hervorragender Taten aus den Kämpfen der deutschen u. österreichisch-ungarischen Armee im Weltkriege 1914, mit 6 Tonbildern von Fritz Bergen, Stuttgart o. D. (1914).

Pugh, Origins James Neil Pugh: The Conceptual Origins of the Control of the Air. British Military and Naval Aviation, 1911–1918, Diss. University of Birmingham 2012, etheses.bham.ac.uk/4314/1/Pugh13PhD.pdf (25. April 2014).

Raleigh, War Sir Walter Raleigh: The War in the Air, Bd. 1, Oxford 1922.

Redner, Luftschiffwaffe Harry C. Redner: Die Luftschiffwaffe des Heeres. Des Kaisers graueisige Geschwader. Die Geschichte der deutschen Heeresluftschifffahrt. Werden und Wirken, Version 7.1, www.luftschiffwaffe.de (23. April 2014).

Reichsarchiv, Grenzschlachten Die Grenzschlachten im Westen (Der Weltkrieg 1914 bis 1918. Die militärischen Operationen zu Lande, bearb. im Reichsarchiv, Bd. 1), Berlin 1925.

Robinson, Zeppelin Douglas H. Robinson: The Zeppelin in Combat, 3. Aufl., Henley-on-Thames 1971.

Rogasch, Anstand Wilfried Rogasch: »Mit Anstand untergehen...«. Wilhelm II. als Oberster Kriegsherr, in: Pohl und Wilderrotter, Kaiser, S. 95–104.

Rohde, Ballone Jens Rohde: Ballone, Luftschiffe und Flugzeuge. Köln und die Entwicklung der militärischen Luftfahrt bis zum Ersten Weltkrieg, in: Meynen, Festungsstadt, S. 364–367.

Rohde, Kasernen Jens Rohde: Kasernen in Köln 1915 bis 1914, Diss. Bonn, Bonn 2008.

Rother, Weltkrieg Rainer Rother (Hg.): Der Weltkrieg 1914–1918. Ereignis und Erinnerung, Katalog zur Ausstellung im Deutschen Historischen Museum, Berlin, 2004.

Ruther, Zeppelins L. Ruther: Les Zeppelins sur Liège en août 1914, in: Le Bulletin d'information du CLHAM (Centre Liégeois d'Histoire et d'Archéologie Militaire), Bd. 4, Nr. 1, Januar–März 1989; www.clham.org/050373.htm (30. Juli 2014).

Schleper, Aggression Thomas Schleper (Hg.): Aggression und Avantgarde. Zum Vorabend des Ersten Weltkriegs, im Auftrag des Landschaftsverbandes Rheinland, Essen 2014.

Schmidt, Luftkrieg Wolfgang Schmidt, Artikel Luftkrieg, in: Hirschfeld, Krumeich und Renz, Enzyklopädie, S. 687 ff.

Sonntag, Entwicklung Richard Sonntag: Über die Entwicklung und den heutigen Stand des deutschen Luftschiffhallenbaus, in: Zeitschrift für Bauwesen, Nr. 62, 1912, Sp. 571–614; Nr. 63, 1913, Sp. 27–60.

Standt, Köln Volker Standt: Köln im Ersten Weltkrieg. Veränderungen in der Stadt und des Lebens der Bürger 1914–1918, Diss. Universität Bonn, Typoskript, Bonn 2013.

Sturtivant und Page, Serials Ray Sturtivant and Gordon Page: Royal Navy Aircraft Serials and Units 1911–1919, Tonbridge 1992.

Suntrop, Chronik Heribert Suntrop: Die Chronik der Kölner Luftfahrt, www.koelner-luftfahrt.de (20. März 2014).

Suttner, Barbarisierung Bertha von Suttner: Die Barbarisierung der Luft, Berlin 1912.

Suttner, Hochgedanken Bertha von Suttner: Der Menschheit Hochgedanken. Roman aus der nächsten Zukunft, Berlin, Wien und Leipzig o. D. (1911).

Suttner, Kampf Bertha von Suttner: Der Kampf um die Vermeidung des Weltkrieges. Randglossen aus zwei Jahrzehnten zu den Zeitereignissen vor der Katastrophe (1892–1900 und 1907–1914), 2. Bd.: Von der zweiten Haager Konferenz bis zum Ausbruch des Weltkrieges, hg. von Alfred H. Fried, Zürich 1917.

Walton, Collets Liz Walton: The Flying Collets, in: Channel Islands Great War Study Group, Journal, Nr. 37, April 2011, S. 3–6.

Warner, Aircraft Guy Warner: World War One Aircraft Carrier Pioneer: The Story and Diaries of Captain JM McCleery RNAS/RAF, Havertown, Pennsylvania, 2011.

Weingarten, Königsdorf Helmut Weingarten: Königsdorf, Köln 1989.

Wells, War H. G. Wells: The War in the Air, London 1908 (deutsche Ausgabe: Der Luftkrieg, Leipzig 1909).

Welter, Trier Adolf Welter: Die Luftangriffe auf Trier im Ersten Weltkrieg 1914–1918, Trier 2001.

Westfälisches Fußartillerie-Regiment Das Westfälische Fußartillerie-Regiment Nr. 7 im Weltkriege 1914–18, hg. vom Verein ehemaliger Offiziere des Westfälischen Fußartillerie-Regiments Nr. 7 Köln am Rhein, Oldenburg 1932.

Wilczek, Ehrenfeld Gerhard Wilczek: Ehrenfeld einst und jetzt (Beiträge zur kölnischen Geschichte, Sprache Eigenart, hg. vom Heimatverein Alt-Köln e. V., Bd. 48), Köln 1967.
Willmott, Weltkrieg H. P. Willmott: Der Erste Weltkrieg, München 2009.
www.koelner-luftfahrt.de.
Zander, Militärgeschichte Ernst Zander: Befestigungs- und Militärgeschichte Kölns (einschließlich der früher selbstständigen Städte Deutz und Mülheim) vom Beginn der Franzosenzeit (1794) bis zum Ende der britischen Besatzungszeit (1926), Köln 1944.
Zenz, Trier Emil Zenz: Die Stadt Trier im 20. Jahrhundert. 1. Hälfte 1900–1950, Trier 1981.

Dank

Der Verfasser dankt für Hinweise und Informationen: Werner Müller, Historisches Luftfahrtarchiv Köln, Sascha Pries, Volker Standt, der seine Dissertation über Köln im Ersten Weltkrieg an der Rheinischen Friedrich-Wilhelms-Universität Bonn vor dem Druck als Typoskript zur Verfügung stellte (aus diesem wird hier zitiert), Beate Dorfey vom Landeshauptarchiv Koblenz, Thomas Menzel und Daniel Schneider vom Bundesarchiv, Abt. Militärarchiv Freiburg, den britischen Kolleginnen und Kollegen von den National Archives in Kew, den belgischen Kollegen vom Musée Royal de l'Armée et d'histoire militaire in Brüssel Philippe Doppagne, Lieutenant-Général Oger Pochet und Colonel d'Aviation Lionel Gabriel sowie Karel Velle, Generalarchivar des Königreichs Belgien, Francis Balace, Professeur ordinaire honoraire à l'Université de Liège, Herbert Ruland, Wissenschaftlicher Leiter der Arbeitsabteilung GrenzGeschichte DG / Autonome Hochschule in der Deutschsprachigen Gemeinschaft Eupen, dem Generalkonsulat des Königreichs Belgien in Köln – und Rüdiger Müller für seine große Geduld und Hilfe.

Bildnachweis

Archiv des Stadtkonservators, Dorothea Heiermann: S. 62
Castle, Raids, S. 14: S. 78
Kölnisches Stadtmuseum, Rheinisches Bildarchiv Köln: Umschlagabbildung, S. 2, S. 15, S. 17, S. 23, S. 43, S. 67, S. 84
Wolfgang F. Meier: Umschlagklappe
Museum der Belgischen Streitkräfte in Deutschland, Soest: S. 36
Privatbesitz: S. 12/13, S. 26, S. 40
Promber, Kampf, Taf. 1: S. 34
Rheinisches Bildarchiv Köln, Wolfgang F. Meier: S. 72
Verlagsarchiv: S. 47, S. 52

Autor und Verlag haben sich bemüht, alle Rechteinhaber ausfindig zu machen; wir bitten, sich gegebenenfalls mit dem Verlag in Verbindung zu setzen.

»*Man schaut diesen Band an und zerfließt förmlich: ein Großstadtbuch, wie man es sich nur wünschen kann.*«
(Deutschlandfunk)

Reinhard Matz und Wolfgang Vollmer
Köln vor dem Krieg
Leben | Kultur | Stadt 1880 – 1940
384 Seiten
mit 425 vierfarbigen Abbildungen
Leinen mit Schutzumschlag
Format 24 x 29 cm
49,90 Euro
ISBN 978-3-7743-0482-6

Reinhard Matz und Wolfgang Vollmer
Köln nach dem Krieg
Leben | Kultur | Stadt 1950 – 1990
392 Seiten
mit 440 vierfarbigen Abbildungen
Leinen mit Schutzumschlag
Format 24 x 29 cm
Erscheint im Oktober 2014
49,90 Euro
ISBN 978-3-7743-0628-8

GREVEN VERLAG KÖLN
Einfach schöne Bücher

Die komplette Kölner Stadtgeschichte in 13 prachtvollen Bänden!

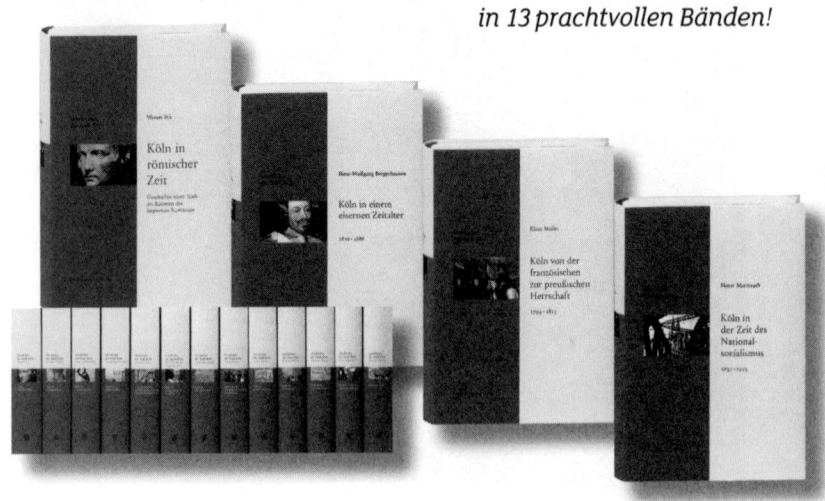

Werner Eck
Köln in römischer Zeit
Geschichte einer Stadt im
Rahmen des Imperium Romanum
Geschichte der Stadt Köln, Band 1
912 Seiten mit 400 meist farbigen
Abbildungen
Leinen im Schutzumschlag
Format 17,5 x 26 cm
75 Euro
ISBN 978-3-7743-0357-7

Hans-Wolfgang Bergerhausen
Köln in einem eisernen Zeitalter
1610 – 1686
Geschichte der Stadt Köln, Band 6
458 Seiten mit 121 meist farbigen
Abbildungen
Leinen im Schutzumschlag
Format 17,5 x 26 cm
60 Euro
ISBN 978-3-7743-0448-2

Klaus Müller
Köln von der französischen zur
preußischen Herrschaft
1794 – 1815
Geschichte der Stadt Köln, Band 8
520 Seiten mit 220 meist farbigen
Abbildungen
Leinen im Schutzumschlag
Format 17,5 x 26 cm
60 Euro
ISBN 978-3-7743-0374-4

Horst Matzerath
Köln in der Zeit des
Nationalsozialismus
1933 – 1945
Geschichte der Stadt Köln, Band 12
680 Seiten mit 278 meist farbigen
Abbildungen
Leinen im Schutzumschlag
Format 17,5 x 26 cm
60 Euro
ISBN 978-3-7743-0429-1

»*Solange das Historische Archiv Köln mit der Wiederherstellung seiner Bestände beschäftigt ist, wird die Bedeutung dieser Stadtgeschichte ins fast Unermessliche steigen.*«
(Die Welt)

Jürgen Herres
Köln in preußischer Zeit
1815 – 1871
Geschichte der Stadt Köln, Band 9
520 Seiten mit 126 Abbildungen
Leinen mit Schutzumschlag
Format 17,5 x 26 cm
60 Euro
ISBN 978-3-7743-0452-9

GREVEN VERLAG KÖLN
Einfach schöne Bücher

»*Historische Bilder von Köln, die Sie so noch nicht gesehen haben.*«
(WDR)

Lee Miller
Köln im März 1945
Mit einführenden Texten von
Kerstin Stremmel und Walter Filz
Herausgegeben von der Historischen
Gesellschaft Köln e. V. und dem Zentral-
Dombau-Verein zu Köln von 1842
120 Seiten mit 96 Fotografien
Gebunden mit Schutzumschlag
Format 21 x 27 cm
24,90 Euro
ISBN 978-3-7743-0618-9

GREVEN VERLAG KÖLN
Einfach schöne Bücher